「読む力」「書く力」が
伸びる最高のテキスト

東大のヤバい現代文

リクルート
「スタディサプリ」・
Z会「東大進学教室」講師
小柴大輔

青春出版社

はじめに――「読解力の格差」が人生を大きく変える！
……さらっと読める多読より、東大の1問を

すべての〝読書する市民〟へ。東大現代文は〝生きた教養〟を獲得する上で最良のテキストです。私自身、東大の卒業生ではありませんが、〝仕事〟を通して東大現代文にふれ、日々学びと知的成長の機会を得ています。

東大現代文は、東大からの「今読む価値のある本はコレだ！」「今考えるべきテーマはコレだ！」という提示です。しかも通常二〇〇ページ以上ある一冊の本から「イイところ三〜四ページはココだ！」というメッセージと言えます。これが〝ヤバい〟ほどよいのです。

できるビジネスパーソンは、TOEIC高得点獲得者でも、語るべきコンテンツ・教養がないと役に立たないことを知っているはずです。佐藤優《まさる》さんが指摘しているように、母国語

の運用力を超える外国語運用力は望むべくもない。その母国語の運用力は教養に支えられています。

一方で、これさえ読めば教養の基礎固めは完璧だ、などという〝魔法の一冊〟は存在しません（これ一つで万事解決というようなものにすがる発想を〝抗生物質的思想〟といいます）。ところが、東大現代文を集めてみると、あら不思議！　現代社会をポジティブに生きようとする私たちの知的栄養になる有益な一冊になるのです（ただし、その知的栄養を吸収できるようにする適切なガイドがあれば）。

ところで東大は、日本一選抜度の高い大学であり、そのイメージから、現代文も難解を極め、設問も超難問ぞろいと思われがちですが、そうではありません。本書で確認できますが、一定の抽象度こそあれ、読者の理解しようとする姿勢をはねつけるような不当な晦渋《かいじゅう》さはありません。

設問も書いてあることの十全な理解を問うもので、出題者だけが答えを握っているというような無茶な空欄補充も選択肢もありません。文章の読みにくさや設問の答えにくさで東大以上に「難問」というケースは他大学でいくらでもあります。

予備校で現代文や小論文の授業をしながら、いい文章だなというとき「読書的価値が高い」

と表現しています。復習で読み直す際の動機づけのためです。そうした**「読書的価値が高い」文章で満ちているのが東大現代文です**。メンツと責任のもとで東大の先生が選んでいますから。私にとっては仕事で出会えて〝読めてハッピー〟という感じですが、本書は、その喜びを共有しましょうという試みです。

素材文章の大きな傾向として挙げられるのは、「〇〇の哲学」とでも表現したくなるような、**テーマの表層ではなく根源を探るものが多い**ことです。また翻って自己を問う（こういうのを再帰的な知性といいます）ものが多いことです。

さらに設問が〝ヤバい〟ほど良質。やはり私が授業で**「いやーこの問い、いいよね。シビレます」**と言うことがあります。それは、その設問を通じて文章理解が深まる問いです。問いより前に文章理解自体が先行していなくてはいけないと思われがちですが、そうともかぎりません。「〜〜」とはどういうことか説明せよなどの問いかけに誘導されてどういうことか考えることで見えてくるもの、あるいはそこまでの理解を修正することがあります。**問いがなければサラッと通過していたかもしれない箇所の重要な意味に気づかされることがあります。**

ゆえに本書では、課題文と私による解説だけでなく、問いをすべて付けました。本書の目的は、読んで教養を拡張するだけでなく、読解力養成、記述表現力強化でもあるからです（なお、東大は解答を公表していません。本書にある解答例は私が考えた「例」です）。

もう一つ、本書は東大現代文を出汁《だし》にして、現代人に寄与する網羅的な読書案内をすることを隠れたコンセプトにしています。

二〇〇冊近い本を紹介しています。予備校の現代文・小論文講師は、大学教授や出版社の編集者と並んで、〝仕事として〟もっとも本を読む職業なのです。

本書は、通読するだけでも得るものがあるように作られていますが、設問に答えることで、良書をまとめるという知的な読書習慣に結びつきます。読者の存分なる活用をお待ちしております。

目次

第2章 情報 67

第4章 芸術

第5章 哲学

本文デザイン　清水真理子（TYPEFACE）

第1章

歴史

歴史ファンは多くても、そもそも歴史とは何かを考える人は少ないでしょう。政治と絡む「歴史問題」に熱くなる人は多くても、私たち自身が歴史の中にいるということを冷静に捉えなおそうとする人は少ないかもしれません。東大現代文では、これまで何度も歴史論がテーマに選ばれています。それはどうしてなのか、考えながら解答に挑んでください。

プレ講義①

東大が「そもそも歴史とは」を問う背景

二〇一八年度の出題です。

日本社会は空前の歴史ブームです。戦国武将のキャラクタライズや「歴女」の登場だけではありません。例えば、『**応仁の乱**』（呉座勇一《ござゆういち》　中公新書　二〇一六年）など複雑なものの経緯を簡略化せず緻密かつ丁寧に語った本が売れています。また『**武士の家計簿**』以来快進撃の磯《いそ》田道史《だみちふみ》氏の『**天災から日本史を読みなおす——先人に学ぶ防災——**』（中公新書　二〇一四年）も売れ続けています。書店の歴史書コーナーはにぎわっていますね。

一方で、自分の信奉する考えとは相いれない歴史事実をなかったことにするかのような歴史修正主義（日本でもドイツでもある）や、根拠や検証などとは無関係にどんな歴史語りもOKとする、知性とは異なる波も打ち寄せています。

この状況を踏まえて「そもそも歴史とは」「歴史を語るとは」という問いを東大は提出したと考えられます。というのも、東大の教育理念は「自国の歴史や文化に深い理解を示すとともに、国際的な広い視野を持ち、高度な専門知識を基盤に、問題を発見し、解決する意欲と能力を備え、市民としての公共的な責任を引き受けながら、強靭な開拓者精神を発揮して、自ら考え、行動できる人材の育成」だからです。

さて、学問のふるさと、古代ギリシアに「ヒストリー」の語源に当たる語として「ヒストリアイ（ἱστορίαι）」があります。「探求」「原因の探求」という意味です。世界史でならったヘロドトスの『歴史』（Historiai《ヒストリアイ》）はペルシャ戦争の分析・原因の探求で、彼はこれを後世に残そうとしました。

筆者の野家《のえ》氏は、歴史とは歴史家によって遡及《そきゅう》的に（時間をさかのぼって）構成された「物語り」だと語っています。そういえば、英語の history は story をスペルとしても含む関連語です。さらに、フランス語の histoire（イストワール）、ドイツ語の Geschichte（ゲシッヒテ）では物語と歴史の区別がそもそもありません（ちなみにドイツ語の kurieren には care と cure の両方の意味があり区別がありません。つまり癒しと治しは分けられないということでとても示唆的です）。

日本語ではどうでしょう。「歴」には非文字史料、「史」には文字史料という意味があります。そのため文字史料以前の考古学年代を「先史時代」と呼びます。従来の歴史学は発掘史料や文書による実証的研究、つまり何らかの物的証拠が、研究の「科学性」を支えると考えられてきました。

これに対して、近年注目されているのが「オーラルヒストリー」です。取材や当事者の語り、あるいは語り継ぎに焦点をあてた新しい研究方法です（野家氏の構成された「物語り」としての歴史は、口語的な語りに限定されるものではありませんが関連はあります。後で詳述します）。

ただしそれは実証的研究を否定するものでも、矛盾するものでもありません。まして「どんな語りもあり」との素朴相対主義でもなく、さらにどんな歴史物語も単なる価値観の問題だと矮小化《わいしょう》するものでもなく、歴史修正主義に与《くみ》するものでもありません（この点では野家氏自身、本書の別の箇所で指摘しています）。

むしろ実証的研究を補足し、歴史研究を豊かにするものです。医療において、ＮＢＭ（ナラティブ・ベースト・メディスン＝一人一人の患者の語りに基づく医療）がＥＢＭ（エビデンス・ベースト・メディスン＝膨大なデータに基づく医療）と相反するというより相補的であるのと似ています。

野家氏によれば、歴史は過去それ自体の再現ではなく「物語り」として構成されたものです（別書『**物語と歴史**』にても繰り返し強調しています）。歴史とは過去の無数の出来事が寄り集まって巨大な雪だるまのごとく現代へと流れ下ってくるものではないということです。歴史家が想起し、意味づけし、因果関係などの脈絡によって語られたものなのです。

しかも個人的な回顧・回想ではなく、多くの研究者によって検証されるものです。歴史記述は純粋に客観的なものとは言えませんが、かといって一人の勝手な思い込みとしての主観的なものでもありません。多くの研究者のチェックと納得を必要とするという点で「共同主観的」なものです。そのため一般的なお話としての「物語」と区別するため、野家氏は歴史という構成されたものについて「物語り」と表記しています。

二〇一八年度第一問

次の文章を読んで、後の設問に答えよ。

余りに単純で身も蓋もない話ですが、過去は知覚的に見ることも、聞くことも、触ることもできず、ただ想起することができるだけです。その体験的過去における「想起」に当たるものが、歴史的過去においては「物語り行為」であるというのが僕の主張にほかなりません。つまり、過去は知覚できないがゆえに、その「実在」を確証するためには、想起や物語り行為をもとにした「探究」の手続き、すなわち発掘や史料批判といった作業が不可欠なのです。

そこで、過去と同様に知覚できないにも拘《かかわ》らず、われわれがその「実在」を確信して疑わないものを取り上げましょう。それはミクロ物理学の対象、すなわち素粒子です。電子や陽子や中性子を見たり、触ったりすることはどんなに優秀な物理学者にもできません。素粒子には質量やエネルギーやスピンはありますが、色も形も味も匂いもないからです。われわれが見ることができるのは、霧箱や泡箱によって捉えられた素粒子の飛跡にすぎません。それらは荷電粒子が通過してできた水滴や泡、すなわちミクロな粒子の運動のマクロな「痕跡」です。ア<u>その痕跡が素粒子の「実在」を示す証拠であることを保証しているのは、量子力学を基盤とする現代の物理学理論にほかなりません</u>。その意味では、素粒子の「実在」の意味は直接的な観察によってではなく、間接的証拠を支えている物理学理論によって与えられていると言うことができます。逆に、物理学理論の支えと実験的証拠の裏づけなしに物理学者が「雷子」なる新粒子の存在を主張したとしても、それが実在するとは誰も考えませんし、だいいち根拠が明示されなければ検証や反証のしようがありません。ですから、素粒子が「実在」することは背景となる物理学理論のネットワークと不即不離なのであり、それらから独立に存在主張を行うことは意味をなしません。

科学哲学では、このように直接的に観察できない対象のことを「理論的存在（theoretical

entity)」ないしは「理論的構成体（theoretical construct)」と呼んでいます。むろん理論的存在と言っても「理論的虚構」という意味はまったく含まれていないことに注意してください。それは知覚的に観察できないというだけで、れっきとした「存在」であり、少なくとも現在のところ素粒子のような理論的存在の実在性を疑う人はおりません。しかし、その「実在」を確かめるためには、サイクロトロンを始めとする巨大な実験装置と一連の理論的手続きが要求されます。ですから、見聞臭触によって知覚的に観察可能なものだけが「実在」するという狭隘《きょうあい》な実証主義は捨て去らねばなりませんが、他方でその「実在」の意味は理論的「探究」の手続きと表裏一体のものであることにも留意せねばなりません。

以上の話から、物理学に見られるような理論的「探究」の手続きが、「物理的事実」のみならず「歴史的事実」を確定するためにも不可欠であることにお気づきになったと思います。そもそも「歴史（history)」の原義が「探究」であったことを思い出してください。歴史的事実は過去のものであり、もはや知覚的に見たり聞いたりすることはできませんので、その「実在」を主張するためには、直接間接の証拠が必要とされます。また、歴史学においては史料批判や年代測定など一連の理論的手続きが要求されることもご存じのとおりです。その意味で、歴史的事実を一種の「理論的存在」として特徴づけることは、抵抗感はあるでしょうが、それほど乱暴な議論ではありません。

実際ポパーは、『歴史主義の貧困』の中で「社会科学の大部分の対象は、すべてではないにせよ、抽象的対象であり、それらは理論的構成体なのである（ある人々には奇妙に聞こえようが、「戦争」や「軍隊」ですら抽象的概念である。具体的なものは、殺される多くの人々であり、あるいは制服を着た男女等々である）」と述べています。同じことは、当然ながら歴史学にも当てはまります。歴史記述の対象は「もの」ではなく「こと」、すなわち個々の「事物」ではなく、関係の糸で結ばれた「事件」や「出来事」だからです。「戦争」や「軍隊」と同様に、「フランス革命」や「明治維新」が抽象的概念であり、それらが「知覚」ではなく、「思考」の対象であることは、さほど抵抗なく納得していただけるのではないかと思います。

「理論的存在」と言っても、ミクロ物理学と歴史学とでは分野が少々かけ離れすぎておりますので、もっと身近なところ、歴史学の隣接分野である地理学から例をとりましょう。われわれは富士山や地中海をもちろん目で見ることができますが、同じ地球上に存在するものでも、「赤道」や「日付変更線」を見ることはできません。確かに地図の上には赤い線が引いてありますが、太平洋を航行する船の上からも赤道を知覚的に捉えることは不可能です。しかし、船や飛行機で赤道や日付変更線を「通過」することは可能ですから、その意味ではそれらは確かに地球上に「実在」しています。その「通過」を、われわれは目ではなく六分儀などの「計器」によって確認します。計器による計測を支えているのは、地理学や天文学の「理論」にほかなりません。ですから赤道や日付変更線は、直接に知覚することはできませんが、地理学の理論によってその「実在」を保証された「理論的存在」と言うことができます。この「理論」を「物語り」と呼び換えるならば、われわれは歴史的出来事の存在論へと一歩足を踏み入れることになります。

　具体的な例を挙げましょう。仙台から平泉へ向かう国道四号線の近くに「衣川の古戦場」があります。ご承知のように、前九年の役や後三年の役の戦場となった場所です。僕も行ったことがありますが、現在目に見えるのは草や樹木の生い茂った何もないただの野原にすぎません。しかし、この場所で行われた安倍貞任《あべのさだとう》と源義家の戦いがかつて「実在」したことをわれわれは疑いません。その確信は、言うまでもなく『陸奥話記《むつわき》』や『古今著聞集《ここんちょもんじゅう》』をはじめとする文書史料の記述や『前九年合戦絵巻』などの絵画資料、あるいは武具や人骨などの発掘物に関する調査など、すなわち「物語り」のネットワークに支えられています。このネットワークから独立に「前九年の役」を同定することはできません。それは物語りを超越した理想的年代記作者、すなわち「神の視点」を要請することにほかならないからです。だいいち「前九年の役」という呼称そのものが、すでに一定の「物語り」のコンテクストを前提としています。つまり「前九年の役」という歴史的出来事はいわば「物語り負荷的」な存在なのであり、その存在性格は認識論的に見れば、素粒子や赤道などの「理論的存在」と異なるところはありません。言い換えれば、歴史的出来事の存在は「理論内在的」あるいは「物語り内在的」なのであり、フィクションといった誤解をあらかじめ防止しておくならば、それを「物語り的存在」と呼ぶこともできます。

（野家啓一『歴史を哲学する——七日間の集中講義』による）

〔注〕これらはもともと東大入試においてついていたものです

- 霧箱——水やアルコールの蒸気で過飽和の気体の中を荷電粒子が通過するとき、進路に沿って発生する霧滴によって、粒子の飛跡を観測する装置。
- 泡箱——沸点以上に加熱された液体の中を荷電粒子が通過するとき、進路に沿って発生する微小な気泡によって、粒子の飛跡を観測する装置。
- サイクロトロン——荷電粒子を加速する円形の装置。原子核の人工破壊や放射性同位体の製造に利用する。
- ポパー——Karl Raimund Popper（一九〇二～一九九四）。イギリスの哲学者。
- 六分儀——天体などの目標物の高度や角度を計測する器具。外洋を航行するとき現在地を知るためなどに用いる。
- 安倍貞任——平安時代中期の武将（?～一〇六二）。

・『陸奥話記』――平安時代後期に書かれた軍記。

設問と解答例

（設問一）「その痕跡が素粒子の『実在』を示す証拠であることを保証しているのは、量子力学を基盤とする現代の物理学理論にほかなりません」（傍線部ア）とはどういうことか、説明せよ。

歴史の本質について語るために筆者はまず物理学の世界を補助線として使います。この部分の理解なしに本文全体の理解もないゆえ、出題者もここを問いにします。

そもそも今回採用の問題は、「大問の第一問」で「文理共通問題」です。東大は「文系・理系にとらわれず幅広く学習」すること、「文科各類の受験者にも理系の基礎知識や能力を求め、理科各類の受験者にも文系の基礎知識や能力を求める」ことを宣言しています。今回の文章の内容や構成とドンピシャリであることがわかります。ゆえにそこを設問にもするわけです。

筆者によれば、直接知覚できないけれども、その実在を確証できるものについて、その存在を裏付けるものは理論です。また、この〈知覚できないものの実在↑理論〉という構造は、歴史学にも物理学にも当てはまるものです。

さて、傍線部は物理学における〈知覚できないものの実在↑理論〉という構造、より詳細化すれば〈知覚できないものの実在↑実験（証拠・痕跡）↑理論〉という三層構造について語っている箇所です。これを傍線部のことばをできるだけ使用せずに言い換え、説明するのが、設問で求められていることです。

そもそも、傍線部にあるような表現、つまり「痕跡」にすぎないものがどうして素粒子の実在の証拠になるのかを、筆者が力説している理由は何でしょう。

それは「痕跡（物証・エビデンス）」それ自体がそのへんに転がっていて自動的に何かを証明してくれるわけではないことを強調したいからだと思われます。背後にちゃんと理論があり、実験もセッティングされ、検証できるというわけです。

かくてこの〈知覚できないものの実在↑実験（証拠・痕跡）↑理論〉という三層構造が筆者の主張として重要箇所だからこそ、傍線を引いて設問にもなっているのです。

解答例　知覚できなくてもある物理的事実の存在は、物理学理論が支える実験の間接的証拠により裏付けられるということ。

POINT

得点になる箇所…五つのうち三つとれたら合格圏入り

第一ポイント……「素粒子」の言い換え①＝知覚できない／見聞臭触できない／見ることができない（A）

第二ポイント……「素粒子」の言い換え②＝物理的事実／ミクロ物理学の対象／物理学の対象（B）

第三ポイント……「痕跡」の言い換え＝実験による間接的証拠／実験的証拠（C）

第四ポイント……「実在の証拠となっている」の言い換え……CがA・Bの存在を裏付ける／支える／確証する

第五ポイント……「保証している」の言い換え……理論がCを支えている／裏付けている／確証する

（設問二）『理論的虚構』という意味はまったく含まれていない」（傍線部イ）とはどういうことか、説明せよ。

筆者は、知覚できなくても「理論→実験による検証→実在の証明」というプロセスを経て、

「ある」と確証されるものを「理論的存在」とか「理論的構成体」と呼んでいます。したがって、傍線部「『理論的虚構』という意味はまったく含まれていない」と述べています。

説明の仕方としては、〈理論的存在とは○○なもので、「理論的虚構」が意味するような●●ではないということ〉というスタイルになるでしょう（もちろん傍線部自体の言葉は極力使わずに）。

このように「理論的存在＝理論的構成体」と「理論的虚構」が対比されていますが、両者の「理論的」も対照的と言えます。一方は「理論あっての存在」という意味で、他方は「理論なしゆえにからっぽな虚構」という意味です。本文の具体例だと「『雷子』なる新粒子」です。本文でもちゃんと「物理学理論の支えと実験的証拠の裏付けなし」という説明が付いています。

なお、「虚構」については最終行でフィクションという言い換えが出てきます。これは使えます。

ふつう、理論によって生み出された見えないものなどといったら、私たちはこれをバカにしそうです。「論より証拠（目に見える証拠）」などとまことしやかに言います。

そういう一般論をふまえているからこそ、筆者は「虚構」ではまったくないぞ、と強調し、また東大もここは注意が必要だぞ、というわけで問いにしたのでしょう。裏付けを欠く「論」

はそれこそ論外ですが、「論より証拠」の、その証拠でさえ実は、理論によって証拠としての資格をもつ。いわば「論による証拠」です。

解答例　直接知覚できない理論的存在は、理論と実験の裏付けによるもので、それらを欠いたフィクションではないということ。

POINT

得点になる箇所…五つのうち三つとれたら合格圏入り

第一ポイント……理論的虚構の対比の説明①＝直接知覚できない
第二ポイント……理論的虚構の対比の説明②＝理論的存在／理論的構成体
第三ポイント……理論的虚構の対比の説明③＝理論と実験により裏付けられている（A）
第四ポイント……理論的虚構の説明①＝Aがない
第五ポイント……理論的虚構の説明②＝フィクション
（そうした「フィクションではない」という否定表現をつけるのは当然の前提です）

〈設問三〉「『フランス革命』や『明治維新』が抽象的概念であり、それらが『知覚』ではなく、『思考』の対象であること」（傍線部ウ）とはどういうことか、説明せよ。

シビれる問題です。歴史学と相似的・相同的だった物理学の話が済んで、いよいよ本命の歴史に関する説明です。傍線（ア）では「素粒子」だったものが、今度は「フランス革命」や「明治維新」になっています。歴史学の対象ということになります。

あらためて素粒子と同様に直接知覚できるような具体物ではありませんね。

ただしタイムマシンがないから現代の歴史研究者が「フランス革命」や「明治維新」を見ることができないという意味とはちょっと違います。仮にタイムマシンがあっても「フランス革命」それ自体、「明治維新」それ自体を見ることはできないのです。

見ることができるのは、人権宣言の起草場面とかマリー・アントワネットが断頭台の露と消えるシーンとか、……などです。それら具体物の単なる集合体でもなく、歴史家が思考して相互関係を読み取って編み上げた理論的構成体としての名称が、いわば書物の中だけにある概念としての「フランス革命」「明治維新」なのです。

さらに、何をもって「革命」と定義するのかにも歴史理論がはたらいています。「明治革命」とは呼ばないのも歴史理論なのです。英語でも the Meiji Restoration であって the Meiji

Revolutionではありません（restorationは復元・復古という意味！）。

ともあれ同じものを見ても、それを「デモ」と呼ぶのか「騒乱・擾乱《じょうらん》」と呼ぶのか、立場による考え方の違いがあるのもこれに似ています。

解答例　歴史学の対象は具体的な「もの」「事物」ではなく、関係で結ばれた「出来事」であり、理論による構成体であるということ。

POINT

得点になる箇所…五つのうち三つとれたら合格圏入り

第一ポイント……「フランス革命」や「明治維新」の言い換え＝歴史学の対象

第二ポイント……抽象的概念の言い換え①＝具体的な「もの」ではない／具体的な「事物」ではない

第三ポイント……抽象的概念の言い換え②＝関係の糸で結ばれた／関係で結ばれた

第四ポイント……抽象的概念の言い換え③＝「出来事」／「事件」

第五ポイント……知覚ではなく思考の対象の言い換え＝理論的構成体／理論的存在

〔設問四〕「歴史的出来事の存在は『理論内在的』あるいは『物語り内在的』なのであり、フィクションといった誤解をあらかじめ防止しておくならば、それを『物語り的存在』と呼ぶこともできます」（傍線部エ）とあるが、「歴史的出来事の存在」はなぜ「物語り的存在」といえるのか、本文全体の論旨を踏まえた上で、一〇〇字以上一二〇字以内で説明せよ（句読点も一字と数える）。

傍線部は最終行にあり、全体のまとめになっています。しかも設問はこの傍線部をただ言い換え説明することではなく、「歴史的出来事の存在」はなぜ「物語り的存在」と言えるのかについて「全体の趣旨を踏まえ」た説明を求めています。

全体への目配りをしつつ「物語り」というものについて何と書いてあるかを拾います。あらためて第一段落では、「体験的過去における『想起』に当たるものが、歴史的過去においては『**物語り**行為』であるというのが僕の主張」とあります。「僕の主張」と明示してますからね。また「想起」ということばは「知覚」と対置されています。

第一段落ではさらに「過去は知覚できないがゆえに、その『実在』を確証するためには、想起や**物語り**行為をもとにした『探究』の手続き、すなわち発掘や史料批判といった作業が不可欠」と続きます。

第六段落では、歴史学の隣接学問である地理学の例を示しながら、「『理論』を『物語り』と呼び換える」という表現が出てきます。またそのように言い換えることで「歴史的出来事の存在論（どんな存在の仕方をしているか明らかにするということ）へと一歩足を踏み入れることになります」と語っています。

第七段落では「前九年の役《ぜんくねんのえき》」「後三年の役《ごさんねんのえき》」などズバリ歴史学関連の具体例を示し、そのような出来事が「実在」した確証を得るための文書史料、絵画資料、発掘調査などのことを『物語り』のネットワーク」と表現しています。またそれらの出来事が「物語り」から離れて独立にあるのではないこと、「一定の『物語り』のコンテクスト」の中にあることが強調されています。

これらをまとめます。

もう少し補足説明します。過去の事物が勝手に組みあがって歴史や歴史的出来事と呼べるものが出現するわけではなく、理論をもった歴史研究者が思考し、過去を探求して史料収集とその吟味をし、出来事と出来事の因果の流れのストーリーを構成するわけです。

例えば、若者世代の識字率が上昇して人口に一定以上の割合を占めたことにより、既存の社会を変革する動きとなって一連の事件があり、倒幕と新政府樹立となったというストーリーを描くことができます。これはフランスのエマニュエル・トッド流の歴史人口学の理論にもとづく「明治維新」の「物語り」です。筆者のいう「歴史理論＝物語り」もこうすればわかりやすいのではないでしょうか。

解答例　過去は知覚できず想起するしかないのと同様に歴史的過去においては、想起は「物語り行為」と呼び換えられる理論によるものである上に、歴史的出来事の存在を確証する発掘や史料の調査も理論による「物語り」のコンテクストの中にあると言えるから。

POINT

得点になる箇所…五つのうち三つとれたら合格圏入り

第一ポイント……過去（歴史的過去・歴史的出来事・歴史学の対象）は知覚できず想起するしかないという指摘
第二ポイント……想起は「物語り行為」だ／想起は「物語り」だという指摘
第三ポイント……理論は「物語り」と言い換えられる／理論は「物語り」だ／「物語り」は理論だという指摘
第四ポイント……発掘や史料調査は「物語り」のネットワークだという指摘
第五ポイント……歴史的出来事は「物語り」のコンテクストの中にある／前提とするという指摘

書くこころえ①

「過不足なく書く」！　――社会人・ビジネスパーソンのレポートにも使える

私が哲学研究科の大学院生だったころ、忘れられないある教授の注意事項があります。「外国語文献講読」の最初の授業でのことです。一つは、やむなく遅刻してしまった場合、すまなそうに教室に入ること。もう一つは、これが肝心なのですが、訳文をつくるに際して「過不足なく」日本語にすること、でした。オリジナルのどの文も、筆者が吟味の上、〝そのように〟表現したのであるから、訳者が勝手に訳語を盛ったり、逆に差し引いたりしてはならないということです。

この注意は、直接には外国文献を日本語訳するときの、しかも学問水準で訳出する際の基本的なこころえですが、東大現代文をはじめとする記述答案の作り方のこころえになります。また社会人にとってさまざまなレポートを書く際にも重要なこころえになります。くどくどだらだら冗長《じょうちょう》にせず、それでいて肝心なところを取り逃すことなく言葉を尽くす。つまり必要かつ十分にして簡潔な説明をこころがけます。

東大医学部教授を務めた黒木登志夫《くろきとしお》氏は『**知的文章とプレゼンテーション――日本語の場合、英語の場合――**』（中公新書　二〇一一年）の中で clarity & brevity（明快さと簡潔さ）が日本語表現でも英語表現でも重要であることを説いています。

角度を変えて、解答スペースから考えてみましょう。東大ではおよそ七十字程度書ける解答欄が基本で、加えて大問の最後に一〇〇～一二〇字の解答欄が付きます。一方、京大はこれらがすべて倍のスペースです。もうひとまわり濃い説明を求めてきます。ここからも「東大現代文」にて私が「過不足なく」を強調する理由をわかってもらえるでしょう。

書くこころえ②

雑誌、新聞記事、書籍を要約する際にも使える！

①対比を表現する
②具体例はカットする
③繰り返し登場する語がキーワード
④傍線部（説明を求められている箇所）の言葉は極力使用しない

①……説明を求められている主役「A」について書くのは当然として、比較相手「B」にも言及します。比較が入ることで説明は鮮明なものになります。「Bのような○○ではなくAは●●である。」というスタイルが説明というもののモデルです。例えば、日本人の芸術観についてクリアに説明するためには、欧米人の芸術観やアジアにおける芸術観と比較する必要があるということです。

②……字数制限の付いた簡潔な説明、つまり「まとめ」ですから、具体例まで書かない。ただし、見出しのようなかたちで具体例に触れるのはOK。日本文化を説明する際、「**和食に見られるように**日本文化は季節感を大切にする。」など。これを「雑煮や七草粥や栗ご飯や山菜おこわに見られるように……」とまで書けば、まとめではなくなります。

③……評論・論説文では重要なことを何度も言い換えながら論が進められます。何度も登場する語句が説明に盛り込むべきキーワードです。例えば、人間の想像が生んだ尋常ならざる者を、「異形のもの」「バケモノ」「妖怪変化《ようかいへんげ》」「魑魅魍魎《ちみもうりょう》」などと表現している場合です。何回も登場する故、重要語句とわかります（ただし説明の記述では一回書くだけ）。

④……「ホットケーキとはホットなケーキだ」というような説明は、同語反復＝トートロジー（tautology／tautoは「同じ」を意味するギリシャ語由来のことば。logyはもちろん「言葉」を意味するギリシャ語logos ロゴス由来）と呼ばれます。〝トートロジーは無意味だ〟。これは言語表現や論理学の常識です。これでは説明ではなくなってしまいます。問題にされている語句を説明に加えてはいけないのです。

国会答弁ではトートロジーであっても堂々とやることで済まされるふしがあり、「無意味」どころか権力的意味を発揮してしまっています。説明を求められても核心部分の説明を回避することが、日本では議論を乗り切るある種の〝政治的技術〟になっています。知的誠実さをめざす私たちとしては反面教師としたいですね。

筆者紹介：野家　啓一（のえ　けいいち）

一九四九年、宮城県生まれ。東北大理学部物理学科卒。東大大学院科学史・科学基礎論専攻。ご本人は「文転」と呼んでいますが、理系の先端的知識と科学的思考力なしに、科学史や科学基礎論を専門的に学ぶことはできなかったはずです。東北大学文学部教授、同学部学部長、同大副学長を歴任。主な学問領域は科学史。主要な著書：『**物語の哲学**』（岩波現代文庫 二〇〇五年）本書の直接の副読本と言えます。／『**科学哲学への招待**』（ちくま学芸文庫 二〇一五年）

出典

『歴史を哲学する――七日間の集中講義』（岩波現代文庫　二〇一六年）……このうちの第七日〈歴史記述の「論理」と「倫理」〉の前半四分の一が東大の問題文です。本書全体を通じ、大学生対象の講義録をベースにしているため、重要な事柄が平易な言葉で語られています。かなりくだけた感じの質疑応答も収録されていてアクセントになっています。なお、参考文献リストも豊富で、本書を起点に「歴史」をテーマとする読書世界を広げられます。

キーワード・キーパーソン解説

科学史……私たちが高校までで習う「日本史」「世界史」は、その実〝政治外交軍事史〟のダイジェストとも言えます。そのため「〇〇年」「〇〇戦争」「〇〇条約」「時の外相〇〇」などを覚えることが中心的「学習」になりがちです。また大学の「歴史学科」も文学部内にあり、「文系」学問ということになっています（欧米の大学では歴史学部があり、科学史もその中で学べるようです）。

しかし、実際には紆余《うよ》曲折の科学学説の変転の歴史、時代背景を背負った科学者の思索の歴史など〝科学史〟があります。日本の中等教育の理科や数学の時間では「〇〇の法則」

「〇〇の原理」などが自明のものとして授業も教科書もスタートしてしまいますが、本当は自明ならざる生きた歴史のなかで生まれたものです。それらに触れることで、「理科嫌い」はずいぶん減るのではないでしょうか。

カール・ライムント・ポパー……ウィーン大学で学ぶ。科学哲学から出発し、歴史哲学、社会哲学方面でも功績を残した。ナチによる迫害を逃れ、ニュージーランドのクライストチャーチ大で講師。

戦後はイギリスのロンドン・スクール・オブ・エコノミクス&ポリティカル・サイエンスで教授（ここで学んだ有名人として『**21世紀の資本**』（みすず書房 二〇一四年）のトマ・ピケティ、ローリングストーンズのミック・ジャガーがいます）。

問題文でも出てくる『**歴史主義の貧困**』（中央公論社 一九六一年）は、歴史という学問が貧困だと言っているのではありません。原題は The Poverty of Historicism です。つまり、ポパーが批判対象としているのは歴史法則主義などと訳される historicism です。よく混同される「historism ＝歴史主義」は、物事を歴史の産物と考える見方でとくにその一回性を強調する立場です。歴史的出来事の再現不可能性を強調するといってもよいでしょう。

あらためてポパーは、「進歩史観」であれ「退歩史観（プラトンやシュペングラー）」であれ「循環史観」であれ、歴史に法則を見るヒストリシズムを批判しています。進歩史観の代表が唯物史観です。とくにマルクス主義が掲げる「科学的社会主義」がなぜ科学的でないかという批判です（ポパーの科学論については第3章を参照）。したがって、政治イデオロギーレベルでポパーを〝反共〟とするのは誤解です。

他の著書に**『開かれた社会とその敵』**（未来社　一九八〇年）、**『果てしなき探求――知的自伝』**（岩波現代文庫　二〇〇四年）があります。

世紀末および二十世紀初頭のウィーン大学……この時代のウィーン大学出身者には、次のような人たちがいます。

アルフレッド・アドラー（心理学）／マルチン・ブーバー（宗教学）／ハンス・ケルゼン（法学）／ヨーゼフ・シュンペーター（経済学）／ヴィルヘルム・ライヒ（精神医学）／アルフレッド・シュッツ（哲学）／ルートヴィヒ・フォン・ミーゼス（経済学）／ルートヴィヒ・フォン・ベルタランフィ（生物学）／コンラート・ローレンツ（動物行動学）／ヴィクトール・フランクル（精神医学）／クルト・ゲーデル（数学）

……これを多士済々と言わずしてなんと呼ぼう。

大人の補講

先の野家氏とは違う視点から歴史を捉え直してみましょう。

パリ第一大学（ソルボンヌ）における十九世紀史担当の歴史学教授アラン・コルバン氏の『**ルイ・フランソワ・ピナゴの再び見いだされた世界―無名の男の痕跡**』（日本語タイトルは『**記録を残さなかった男の歴史　ある木靴職人の世界―1798〜1876**』藤原書店　一九九九年）の出版を受けて、日本の新聞社がコルバン氏にインタビューをしています。

そのインタビュー記事が東大入試にもなっています（後期日程の小論文にて）。これを「大人の補講」の教材としたいと思います。

さて、従来の「歴史＝政治外交軍事史」に対して、庶民の暮らしをはじめとする「社会史経済史」に焦点を当てるのがアナール学派の歴史学です（『社会経済史年報《アナール》』という学会誌がネーミングの由来です。英語ならアニュアル）。

コルバン氏もアナール学派の一員で『**新版　においの歴史**』（藤原書店　一九九〇年　翻訳は鹿島茂・山田登世子）など歴史教科書には載りそうもない時代のメンタリティや感性を明らかにする試みをしてきました。ただし社会史の主流が政治ではないにしろ犯罪など大きな出来事や事件に焦点を当てがちなのに対し、本書では徹底した〝無名個人〟に焦点をあてています。なんと公文書館の出生記録から無作為に選んだ人物がタイトルの〝ピナゴ〟です。まるでダーツの旅のごとく、当てずっぽうで選んだ人物を対象にした歴史学の試みをしています。

このような「無名個人にフォーカスした歴史学に意義はあるのか」という問いについて考えてみましょう（厳密には「一切の痕跡を残さずに死んでいった普通の人々に個人性を与えるというコルバン氏の試みについて、あなたはどう考えますか。賛成または反対の立場から、具体的な理由を挙げて一〇〇〇字以内で論述しなさい」）。

反対論、無名個人の歴史を書くことに意味はないという立論は簡単です。ルイ十四世やナポレオンにフォーカスした歴史を書くことの意味も、彼らの個性について書くことの意味も誰も疑わないでしょう。すなわち、多くの人間に影響を与え、後世にまで影響を与えたような政策決定者（あるいは文化功労者）について書くことにしか歴史としての意味はないとすればよいわけです。

では、アタマの体操として賛成論を組み立てるとすれば、どんな立論が可能でしょうか。十九世紀フランス・ノルマンディー地方の農村に暮らした無名個人に焦点を当てた歴史学の試みに意味があるとすれば……。
実際、一九九九年に日本語訳が出版されています。十九世紀のフランスからはるかに遠い日本で。これにはいかなる意味があるといえるのでしょうか。みなさん、考えてみましょう。

賛成論のいくつかの方向性を挙げてみます。
①純粋に方法論的な試みとしての斬新さあるいは従来の「大きな歴史」へのアンチテーゼとしての意義を語る方向性。
②人類の歴史を実質的に形成してきたのは、圧倒的多数の無名個人であるから、無作為であれ、その個人に焦点を当てることには意義があるとの方向性。
③個人と個人の共感の可能性に注目する方向性。「個を貫く普遍」という表現で堀《ほり》尾《お》輝《てる》久《ひさ》氏（教育学者・東大名誉教授）が『**現代社会と教育**』（岩波新書 一九九七年）のなかで提示している考え方です。「普遍」というとふつうは抽象的な「個を超えた普遍」を考えがちです。ところが、ある個人（ピナゴ）が感じたことは、この個人（「私」「読者」）にも痛いほどわかる、という普遍があるという考え方です。いわば一人の感受性（passion）が他の感受性（passion）に通じる、そんな compassion です。

読書案内

・**鹿島茂《かしましげる》『馬車が買いたい！』**（白水社 二〇〇九年 サントリー学芸賞）

氏は一九四九年生まれ。東大仏文科卒、同大学院修了。現在、明大国際日本学部教授。バルザック、フローベール、アレクサンドル・デュマ、ビクトル・ユーゴーなど十九世紀フランス文学を専門としつつ博覧強記、ウルトラ教養人の筆者によるフランス社会史。

・**清水透《しみずとおる》『ラテンアメリカ五〇〇年―歴史のトルソー』**（岩波現代文庫 二〇一七年）

氏は一九四三年生まれ。東外大卒、同大学院、メキシコの大学院大学を修了。東外大教授、慶大教授など歴任。多数の大学でラテンアメリカ史の講座を担当。ラテンアメリカ史を捉え直す試みは、日本史や世界史の捉え直しにもつながり、さらには歴史そのものを問い直すものです。

私（小柴）が学生時代に最も知的刺激を受けた授業が氏の講義でした。ウルトラマイナーに見えるインディオ集落でのフィールドワークから学問の知そのものを問い直す。フランス現代思想による西欧中心主義・ロゴス中心主義批判としてのポストモダンに見られた抽象性とは対照的な、グラスルーツ（草の根的）の視点からの西欧中心主義批判です。本書は、大学の講義録で、平易な話しことばで書かれています。大学時代の興奮を思い出しました。

アフォリズム・箴言

「愚者は経験から学び、賢者は歴史から学ぶ」

ドイツ統一を成し遂げたプロイセンの鉄血宰相、オットー・フォン・ビスマルクのことば。経験から学べるなら十分に賢いのではないかと考えてしまいます。しかし、自分の小さな成功体験から何かを学んだなどと思って有頂天になったり、失敗体験からくよくよしたりするのは視野が狭いことかもしれません。もっと広範に他者や、自分自身は経験しなかったことからも学んでこそ賢者の名にふさわしいということでしょう。

「歴史とは過去と現在との不断の対話である」

世界中の歴史学専攻の学生が必ず読むと言われる**『歴史とは何か』**（岩波新書）のなかのことば。筆者は当時ケンブリッジ大学のエドワード・H・カー。野家氏の見解とも親和的。

「過去に目をつぶる者は、現在に対しても盲目である」

東西ドイツ統一時の西独大統領、リヒャルト・フォン・ヴァイツゼッカーのことば。ドイツの戦後補償と一九八〇年代の彼の東欧〝謝り行脚〟なしには、東西ドイツの統一もEUにおけるドイツの地位もなかったでありましょう。

プレ講義②

「反歴史論」で東大が問う「知性とは何か」

東大現代文では、あるテーマを掘り下げるような文章が多いです。今回の『反歴史論』もその一つです。

〝反○○論〟というタイトルの書物はかなりの数あります。その中には、そういう書名にして意外性をこめたという次元を超えたものもあり、よく本を読む人たちを刺激します。表題の問題ではなく、ある思考のスタイルと言えるでしょう。

通常の〝○○論〟では前提化してしまい、前提化しているという自覚さえなくなっているかもしれない○○についての根源的な問いの提出です。

例えば、哲学者の木田元《きだげん》さんの著作に『**反哲学史**』（講談社学術文庫 二〇〇〇年）があります。哲学や哲学史の単純な否定ではありません。『反哲学史』はもともと勤務先だった中央大学における、一般教養の「哲学」の講義ノートをまとめたものです。

「哲学といえばこういうものだろう」という前提や常識や前例を問い直すラディカルにして丁寧な講義をまとめたものです。より一層本来の哲学らしいとさえ言えます。事実、木田さんには『**反哲学入門**』（新潮文庫 二〇一〇年）、『**哲学と反哲学**』（岩波現代文庫 二〇〇四年）、『**木**

田元の最終講義―反哲学としての哲学』（角川ソフィア文庫　二〇〇八年）がありますから、徹底しています。

ちなみに木田さんには、『**哲学以外**』（みすず書房　一九九七年）という、文字通り哲学論文以外のかなりくだけたエッセイ集もあります（みすず書房はきわめて真面目な学術出版社なのに）。この中にクライブ・カッスラーのダーク・ピットシリーズ（『**タイタニックを引き揚げろ**』『**スターバック号を奪回せよ**』など、すべて新潮文庫）が好きだとの言及があります。これは我が意を得たりで、私も強く推奨したい海洋冒険小説です。

さて、〝反〇〇論〟というスタイルでのラディカルな著作には、現代日本を代表する思想家で、世界にも発信している柄谷行人《からたにこうじん》さんの『**反文学論**』（講談社学術文庫　一九九一年）、元東大総長、蓮實重彦《はすみしげひこ》さんによる『**反＝日本語論**』（ちくま学芸文庫　二〇〇九年）、『**反哲学的断章**』（ルートヴィヒ・ヴィトゲンシュタイン　青土社　一九九九年）などがあります。

極め付きは、イマヌエル・カントの『**純粋理性批判**』（岩波文庫）です。この「批判」は、理性なんかダメだということではなく、理性と呼ばれるものの権能・機能・権利（なにができるのか・できないのか）を明らかにすることです。

今回の「反歴史論」も同様です。歴史と呼ばれる人類の営みや歴史学にダメ出しをしているのではなく、当たり前の前提を取り外して、対象そのものを考えてみようということです。

そしていわば歴史という重力・前提のもとで私たちは何ができ何ができないのかを問うています。

東大の現代文ではそうした根源への掘り下げを試みた文章が多いですね。大学での学問の入り口にいる受験生へのメッセージでもあります。知性というのは知識で頭をいっぱいにすることではないよと。

一方で、歴史に対する根源的な問いかけだけでなく、ああ、だから「反歴史論」と銘打ったのかと膝を打つ記述もちゃんとあります。これに気付けるとかなり楽しいですよ。

とはいえ、今回の文章は近年の東大現代文の中でも読解難易度の高いものです。このレベルの文章理解力を求めるのか、と感心しながらも大人としてどこまで読みこなせるか試してみてください。また解説を通じて、この水準の知性を共有していきましょう。

二〇〇八年度第一問

次の文章を読んで、後の設問に答えよ。

いまここであらためて、歴史とは何か、という問いをたてることにする。大きすぎる問いなので、問いを限定しなくてはならない。中島敦が「文字禍」で登場人物に問わせたように、歴史とはあったことをいうのか、それとも書かれたことをいうのか、ともう一度問うてみよう。この問いに博士は、「書かれなかった事は、無かった事じゃ」と断定的に答える。すると博士の頭上に、歴史を刻んだ粘土板の山が崩れおちてきて命を奪ってしまうのだった。あたかも、そう断定した博士の誤りをただすかのように。こういう物語を書いた中島敦自身の答は、宙づりのままである。

たしかに、書かれなくても、言い伝えられ、記憶されていることがある。書かれたとしても、散逸し、無に帰してしまうことがある。たとえば私が生涯に生きたことの多くは、仮に私自身が「自分史」などを試みたとしても、書かれずに終わる。そんなものは歴史の中の微粒子のような一要素にすぎないが、それがナポレオンの一生ならば、もちろんそれは歴史の一要素であるどころか、歴史そのものということになる。ナポレオンについて書かれた無数の文書があり、これからもまだ推定され、確定され、新たに書かれる事柄があるだろう。だから「書かれなかった事は、無かった事じゃ」と断定することはできない。もちろん「書かれた事は、有った事じゃ」ということもできないのだ。

さしあたって歴史は、書かれたこと、書かれなかったこと、あったこと、ありえたこと、なかったことの間にまたがっており、画定することのできないあいまいな霧のような領域を果てしなく広げている、というしかない。歴史学が、そのようなあいまいな領域をどんなに排除しようとしても、ア歴史学の存在そのものが、この巨大な領域に支えられ、養われている。この巨大な領域のわずかな情報を与えてきたのは、長い間、神話であり、詩であり、劇であり、無数の伝承、物語、フィクションであった。

歴史の問題が「記憶」の問題として思考される、という傾向が顕著になったのはそれほど昔のことではない。歴史とはただ遺跡や史料の集積と解読ではなく、それらを含めた記憶の行為であることに注意がむけられるようになった。史料とは、記憶されたことの記録であるから、記憶の記憶である。歴史とは個人と集団の記憶とその操作であり、記憶するという行為をみちびく主体性と主観性なしにはありえない。つまり出来事を記憶する人間の欲望、感情、身体、経験を超越してはありえないのだ。

歴史を、記憶の一形態とみなそうとしたのは、おそらく歴史の過大な求心力から離脱しようとする別の歴史的思考の要請であった。歴史は、ある国、ある社会の代表的な価値観によって中心化され、その国あるいは社会の成員の自己像（アイデンティティ）を構成するような役割をになってきたからである。歴史とは、そのような自己像をめぐる戦い、言葉とイメージの闘争の歴史でもあった。歴史における勝者がある以前に、イ歴史そのものが、他の無数の言葉とイメージの間にあって、相対的に勝ちをおさめてきた言葉でありイメージなのだ。

あるいは情報技術における記憶装置（メモリー）の役割さえも、歴史を記憶としてとらえるために一役買ったかもしれない。熱力学的な差異としての物質の記憶、遺伝子という記憶、これらの記憶形態の延長上にある記憶として人間の歴史を見つめることも、やはり歴史をめぐる抗争の間に、別の微粒子を見出し、別の運動を発見する機会になりえたのだ。量的に歴史をはるかに上回る記憶のひろがりの中にあって、歴史は局限され、一定の中心にむけて等質化された記憶の束にすぎない。歴史は人間だけのものだが、ウ記憶の方は、人間の歴史をはるかに上回るひろがりと深さをもっている。

エ歴史という概念そのものに、何か強迫的な性質が含まれている。歴史は、さまざまな形で個人の生を決定してきた。個人から集団を貫通する記憶の集積として、いま現存する言語、制度、慣習、法、技術、経済、建築、設備、道具などのすべてを形成し、保存し、破壊し、改造し、再生し、新たに作りだしてきた数えきれない成果、そのような成果すべての集積として、歴史は私を決定する。私の身体、思考、私の感情、欲望さえも、歴史に決定されている。人間であること、この場所、この瞬間に生まれ、存在すること、あるいは死ぬことが、ことごとく歴史の限定（信仰をもつ人々はそれを神の決定とみなすことであろう）であり、歴史の効果、作用であるといえる。

　にもかかわらず、そのようなすべての決定から、私は自由になろうとする。死ぬことは、歴史の決定であると同時に、自然の決定にしたがって歴史から解放されることである。いや死ぬ前にも、私は、いつでも歴史から自由であることができた。私の自由な選択や行動や抵抗がなければ、そのような自由の集積や混沌《こんとん》がなければ、そもそも歴史そのものが存在しえなかった。

　たとえばいま、私はこの文章を書くことも書かないこともできる、という最小の自由をもっているではないか。生活苦を覚悟の上で、私は会社をやめることもやめないこともできるというような自由をもち、自由にもとづく選択をしうる。そのような自由は、実に乏しい自由であるともいえるし、見方によっては大きな自由であるともいえる。そのような大小の自由が、歴史の中には、歴史の強制力や決定力と何ら矛盾することなく含まれている。歴史を作ってきたのは、怜悧《れいり》な選択であると同時に、多くの気まぐれな、盲目の選択や偶然でもあった。

　歴史は偶然であるのか、必然であるのか、そういう問いを私はたてようとしているのではない。歴史に対して、私の自由はあるのかどうか、と問うているのだ。そう問うことにはたして意味があるのかどうか、さらに問うてみるのだ。けれども、決して私は歴史からの完全な自由を欲しているのではないし、歴史をまったく無にしたいと思っているのでもない。歴史とは、無数の他者の行為、力、声、思考、夢想の痕跡にほかならない。オそれらとともにあることの喜びであり、苦しみであり、重さなのである。

（宇野邦一『反歴史論』）

〔注〕〇「文字禍」中島敦（一九〇九～一九四二）の短編小説。

設問と解答例

（設問一）「歴史学の存在そのものが、この巨大な領域に支えられ、養われている」（傍線部ア）とあるが、どういうことか、説明せよ。

傍線と同じ段落の冒頭に「さしあたって歴史は、書かれたこと、書かれなかったこと、あったこと、ありえたこと、なかったこと、なかったことの間にまたがっており、画定することのできないあいまいな霧のような領域を果てしなく広げている」とあります。これは第3章【科学論】で取り上げられる「カオスの縁」とよく似ています。【科学論】を読むとき、この【歴史論】を思い出してください。

さて、文章を理解する上でも説明する上でも、いつも対比を考えますが、ここでは「確定」「断定」です。どんな断定かといえば、中島敦《なかじまあつし》の『文字禍』の話に出てくる「書かれなかった事はなかった事」という「断定」です。この「断定」「確定」ができないから曖昧で広大な領域の上に、歴史・歴史学は立っているということになります。

想像してみましょう。現在、世界におよそ七十数億人の人間が暮らしていますが、私たち人類という種（ヒューマン・レイス／ホモ・サピエンス）の登場から約二十万年、いったい通算でどれほどの数の人間が活動してきたことでしょうか。芥川賞作家である石川淳《いしかわじゅん》が『**歴史と文学**』（センター試験で出題されたことがあります）で指摘していますが、「歴史家が書かなくても〝歴史〟はある」と言えそうです。

なお、「書かれなかった事は、無かった事じゃ」が出てくる中島敦「文字禍」はちくま文庫による『**中島敦全集**』第一巻に収録されています。

ところで、老人口調ともいえる「～じゃ」という表現はいつごろから登場するものなのでしょうか。『**口語訳　古事記　［完全版］**』（三浦佑之《みうらすけゆき》　文藝春秋　二〇〇二年）でも「なにもなかったのじゃ……言葉で言いあらわせるものは、なにも。」で始まります。ちょっと興味がありますす。

解答例　歴史は、書かれなかった事はなかったと断定できず、書かれた、書かれなかった、あった、ありえた、なかったなど広くあいまいな領域に存在するということ。

POINT

得点になる箇所…五つのうち三つとれたら合格圏入り

第一ポイント……書かれなかったものはなかったこと（A）という指摘
第二ポイント……Aのような断定はできないという指摘
第三ポイント……書かれた、書かれなかった、あった、ありえた、なかったなどの指摘
第四ポイント……歴史が曖昧な領域にあるという指摘
第五ポイント……歴史が広い領域にあるという指摘

（設問二）「歴史そのものが、他の無数の言葉とイメージの間にあって、相対的に勝ちをおさめてきた言葉でありイメージなのだ」（傍線部イ）とあるが、どういうことか、説明せよ。

シビれる問題です。「相対的に勝ちをおさめてきた言葉」なんて表現、一瞬何のこと?っ

て思います。こうした印象的でいてすぐには何を言っているのかわからないようなところを東大は好んで設問にします。ちょっと立ち止まって考えてみなければなりません。読解力を試す格好の箇所、と東大は考えているはずです。

まず「他の無数の言葉とイメージ」が何を指しているのか。このヒントになるのが、傍線（ア）直後の「この巨大な領域のわずかな情報を与えてきたのは、長い間、神話であり、詩であり、劇であり、無数の伝承、物語、フィクションであった。」です。

歴史は、書かれたものばかりか書かれなかったものにもまたがっています。問（一）でも見たように、それはそれは広大無辺で取り付く島もないほどあいまい、漠然でしょう。それでも何かがあったらしいと教えてくれる言葉の群れが「神話・詩・劇・伝承・物語・フィクション」です。これらの蓄積だって膨大でしょうが、ホモサピエンス全史からすれば「わずかな情報」ですね。

歴史は、これらの言葉の群れと競争関係、ライバル関係にあります。なんの競争かといえば、「自己像（アイデンティティ）」を何が・誰がつくるのかの主役争いです。〝私たちって何者？〟〝われわれはどこから来てどこへ行くのか〟。これに答えてくれるのが、かつては神話や伝承や物語だったわけです。

精神分析学者の河合隼雄《かわいはやお》さんも**『物語と不思議』**で同種のことを語っておられます。ほとんどすべての民族がなんらかの神話を語り継いできたのは、自分たち自身の存在と世界の成り立ちという根源的な不思議を納得できる形で説明したかったからだと。

ところが、あるときからこの自己像を語る役割を担うのが歴史になっていく。「相対的に勝ちをおさめてきた」とはそういうことです。歴史の叙述が私たちのメンツと関わり、ついムキになってしまう道理です。

解答例　国や社会の成員の自己像を形成することをめぐって、歴史が神話・詩・劇・伝承・物語・フィクションよりも中心的な役割を果たすようになったということ。

POINT

得点になる箇所…四つのうち二つ〜三つとれたら合格圏入り

第一ポイント……国や社会の成員の自己像を形成するという指摘（A）
第二ポイント……Aをめぐって歴史が中心的役割を果たすようになったという指摘
第三ポイント……他のものと歴史との比較の指摘
第四ポイント……他のものとして神話・詩・劇・伝承・物語・フィクションなどの指摘

〈設問三〉「記憶の方は、人間の歴史をはるかに上回るひろがりと深さをもっている」（傍線部ウ）とあるが、それはなぜか、説明せよ。

「記憶」については、傍線（イ）より前の段落から登場していますが、この問（三）で初めて主題的に扱われます。

なお、「歴史」と「記憶」が対比です。意味を補って言い換えれば、〝国家を代表するような歴史〟と〝記憶としての歴史〟の対比です。「記憶」の方が「ひろがりと深さをもっている」のは、まず、この〝国家を代表するような歴史〟が「局限（限定）」されたものだからです。どのような限定をされているのかを説明すれば、答案の第一の柱がつくれます。

傍線部直前の表現では、「一定の中心にむけて等質化（文科省の検定に合格した歴史教科書みたいに）された」があります。前の段落では、「歴史は、ある国、ある社会の代表的な価値観によって中心化され」があります。歴史といってもいろいろあって、一市民の個人史のレベルからナポレオン・レベルまであるということは第二段落でも語られています。

そういういろいろある中で、国家認定の〝正史〟〝オフィシャル・ヒストリー〟に絞られていきがちで、それが「局限（限定）」です。

また記憶自体、「ただ遺跡や史料の集積と解読ではなく、それらを含めた記憶の行為」とあるように、大きなものです。これが答案のもう一つの柱です。

解答例　記憶は、遺跡や史料の集積と読解にとどまらない上に、ある国や社会の代表的な価値観によって中心化、等質化するといった歴史の限定を受けないから。

POINT

得点になる箇所…四つのうち二つ〜三つとれたら合格圏入り

第一ポイント……記憶は、遺跡や史料の集積と読解にとどまらないという指摘

第二ポイント……記憶は歴史の限定を受けないという指摘（A）

第三ポイント……Aの内容として、ある国や社会の代表的な価値観によって中心化という指摘

第四ポイント……Aの内容として、等質化という指摘

（設問四）「歴史という概念そのものに、何か強迫的な性質が含まれている」（傍線部エ）とあるが、どういうことか、説明せよ。

歴史の「強迫的な性格」に該当する表現を、まず傍線部より前に求めれば、「歴史の過大な求心力」です。問（三）で見たように、国の代表的価値観に向かって強引にまとめ上げようとすることです。筆者が後述するような「自由」を奪ってしまうものです。

こうした「中心」への求心力や圧力に加えて、今、私たちが生きる前提や環境になっているもの、言語も含めて、すべて歴史の蓄積のなかでそこにある。いきなり四次元ポケットから飛び出してきて、自由に使えるものなどなに一つない。その意味で私たちは一〇〇％の自由を謳歌《おうか》しているとはいえず、いわば歴史の手のひらの上にいるということです。

例えば、現代人である私たちが思想信条の自由や表現の自由を求め、それらを抑圧する政治権力があればおかしいと感じるのも、これまでの歴史的な戦いやその成果、民主的な社会のあり方はどういうものかを問うてきた歴史的蓄積、連続のなかにいるからそう感じられるわけです。こうした自由や権利への敏感さ自体、大きな歴史の文脈から得られた認識で、まったく前提ゼロの「自由」ではないということです。

したがって、私たちが〝個性〟と呼んでいるものも、実は相当程度、歴史の波をかぶっているという指摘を、第５章【哲学】で登場する内田樹さんが指摘しています。

また、歴史の流れの中に自分を位置付けて自分を認識する知性を〝歴史的マッピング〟と呼んでいます。

解答例　歴史には過大な求心力があると同時に、これまでの成果のすべての集積として、個人の身体・思考・感情・欲望など生のあり方を決定するということ。

POINT

得点になる箇所…四つのうち二つ〜三つとれたら合格圏入り

第一ポイント……歴史には過大な求心力があるという指摘
第二ポイント……歴史のこれまでの成果のすべての集積という指摘
第三ポイント……歴史が個人の生を決定するという指摘
第四ポイント……個人の生の説明として身体・思考・感情・欲望などの指摘

〈設問五〉　筆者は「それらとともにあることの喜びであり、苦しみであり、重さなのである」（傍線部オ）と歴史についてのべているが、どういうことか、一〇〇字以上一二〇字以内で説明せよ（句読点も一字として数える。なお採点においては、表記についても考慮する）。

宇野さんは、「ある国、ある社会の代表的な価値観によって中心化され」がちな、メインストリームの歴史に対して、歴史を「記憶」として捉える考え方を「別の歴史的思考の要請」

と書いています。これがタイトルを「反歴史論」としたことの理由と考えられます。書かれたものだけが歴史とする断定や書かれたもののうちでも中心化されがちな（セントラル・ドグマ化とでも呼びたくなるような）ものへの求心力のはたらき、これらに抗《あらが》うように「記憶としての歴史」がある。

加えて、〝すでに起きたこと〟の膨大な蓄積がまるで大きな重力として私たちが生きる環境をおおっている。その意味で全き自由はない。しかし、それでも私たちは「自由」を求めると宇野さんは語ります。この意味でも「反歴史論」だと思われます。

個人の決断や選択の余地はゼロですべて前もって決まっているという考え方を、哲学では決定論と呼びます。宇野さんは、こうした決定論を採用しません。「私の自由な選択や行動や抵抗がなければ、そのような自由の集積や混沌がなければ、そもそも歴史そのものが存在しえなかった」「大小の自由が、歴史の中には、歴史の強制力や決定力と何ら矛盾することなく含まれている」と語ります。

先立つものと言えば、遺伝子レベルでも自分で選んだものではなく、すでに与えられたもの、所与のものです。さらに父方の遺伝子と母方の遺伝子両方を受け継いでおり、純度一〇〇％のオリジナルではありません。しかし、ハーフ＆ハーフというオリジナルです。しかもその後の行動における自由と選択の余地は小さくない。

また、日本語という、先立つ言語共同体の中に生まれ、歴史遺産としての日本語を受け継いで言語活動をします。それでも、この私が日本語を使ってどんな表現を選択するかしないか、計り知れない自由の余地があります。

歴史の中の自由、歴史の中の個人も同じでしょう。個人による自由の余地があります。またそれだから〝責任〟というものも出てくるはずです。すべて歴史的な所与、初期の入力条件ですべてのアウトプットが決まると言う人がいるとすれば、それは自分の行為に一切自分で責任を取らない人ということになるでしょう。

解答例　歴史からの完全な自由はなく、歴史は無数の他者の行為、力、声、思考、夢想の痕跡から成るが、一方で個人の自由な選択や行動や抵抗があり、歴史の強制力や決定力と何ら矛盾することなく、歴史の中に含まれているということ。

POINT

得点になる箇所…六つのうち三つ～四つとれたら合格圏入り

第一ポイント……歴史からの完全な自由はないという指摘
第二ポイント……歴史は無数の他者の行為の痕跡から成るという指摘（A）
第三ポイント……Aの内容として力、声、思考、夢想などの指摘

第四ポイント……一方で個人の自由な選択や行動や抵抗があるという指摘（B）
第五ポイント……Bが歴史の強制力や決定力と矛盾しないという指摘
第六ポイント……Bが歴史の中に含まれているという指摘

筆者紹介：宇野邦一（うの　くにいち）

一九四八年、島根県生まれ。京都大学文学部仏文学科卒。パリ第八大学に留学し博士号取得。その際の指導教授は、フランス現代思想（ポストモダン）を代表する、ジル・ドゥルーズだったそうです。長く立教大学現代心理学部で教鞭をとり、現在は名誉教授。主な専攻は、現代思想・映像身体論です。

同世代で同じパリ第八大学に留学していた方に、西谷《にしたに》修《おさむ》さんがいます。宇野さん西谷さんの共著に**『アメリカ・宗教・戦争』**（せりか書房二〇〇三年）があります。9・11以降のアメリカの「対テロ戦争」への懸念を記した意義深い本です。西谷さん自身も一九九八年に『問われる「身体」の生命』（脳死と臓器移植に関する論考／初出は一九九二年一月二十二日付の朝日新聞夕刊）が東大現代文で出題されています。

ここで「パリ大学」について紹介します。実は、パリ第一大学からパリ第十三大学まであります。第一大学が歴史的に最も古い、別名「ソルボンヌ」です。有名ですね。では「第十三」

まで来るとフランス最底辺の人々が通うブラックな大学なのでしょうか。いいえ。すべて国立大学でちゃんと評価されています。東京でたとえれば、最古の東大を「東京第一大学」といい、東京藝大を「東京第二大学」、一橋大を「東京第三大学」、東工大を、東外大を、東京医科歯科大を……という感じですべて名門ですね。

もっともフランスの高等教育には、もう一系統あります。〝グランゼコール〟です。どのパリ大学も大学入学資格試験（バカロレア）に合格すれば入学できますが、サルトルが出たエコール・ノルマル・シュペリウールやエコール・ポリテクニークをはじめとするグランゼコールは別格の個別試験があり、こちらに進むことが本当のエリートだそうです。歴代の大統領もほとんどこっち。

高校でもリセ・ルイ＝ル＝グラン（ルイ十四世高校）とかアンリ四世高校（マクロン大統領の出身校）など、なぜかかつての王様の名を冠したハイパーエリート高校が存在し、卒業生はグランゼコールの方へ進みたがるそうです。

出典

『反歴史論』（講談社学術文庫 二〇一五年）第3章「歴史のカタストロフ」第一節「歴史を引き裂く時間」の前半部分。「序」にて、「この本は〈歴史を批判する〉試みである」「歴史を批判的にとらえるには、あらためて歴史とは何であるかを考えながら、批判を進めるしかない」とあり、「プレ講義」で、ある種の思考スタイルが〝反〇〇論〟だと私が書いたのもここに由来します。

大人の補講

東大後期の小論文で、古代中国の歴史意識と古代ギリシアの歴史意識を比較するテーマが出題されたことがあります。川勝義雄さんの『**中国人の歴史意識**』（平凡社ライブラリー　一九九三年）が課題文です。

それによれば、紀元前五世紀の古代ギリシアでは、ヘロドトスがペルシア戦争の原因探究の書として『ヒストリア』を書き、〝歴史の父〟と呼ばれます。ところが、その後、トゥキディデスがいるくらいで歴史学はほとんど継承、発展されることがない。プラトンやアリストテレスの時代には学問としてろくに扱われていません。

一方、古代中国においては紀元前二世紀末、司馬遷《しばせん》が現れ、さらに世界史と呼べるものが成立する。

当時ギリシアには世界史はおろかギリシア史といったものも存在しなかった。一体どうしてでしょうか。

川勝さんの考えは、概《おおむ》ね次の通りです。司馬遷の時代は、前漢という統一王朝の登場時代でもあります。これが学問、歴史学においても異なる部分を総合する知への動機づけとなります。

他方、ギリシアではアレクサンドロスまで統一はなく、なによりギリシアの学問では、変化しない不動で普遍的なものを対象とするため、〝反歴史的〟です。というのも、歴史は変化につぐ変化をするものを対象とし、その上、一回的、個別的なものを対象とするからです。

読書案内

『煙霞帖《えんかちょう》』（下村寅太郎《しもむらとらたろう》 南窓社 一九八二年）

下村さんはライプニッツなどの研究で知られる科学史、科学哲学の研究者です。今回の課題文でも提起された、歴史の制約と個人の自由について考察しています。次の言葉が印象的です。「歴史の中に居る者が『自分のもの』と言えるのは、自分自身の決断の中にしかない」、「プラトンの偉大をもってしてもソクラテスに遭うことなしには開眼《かいげん》し得なかったであろうし、アリストテレスもアカデメイアで学んだことが決定的であったであろう。この遭逢《そうほう》の偶然性は決定であってしかも個別的である」

『世界史の臨界』（西谷修 岩波書店 二〇〇〇年）

宇野さんとはまた違う角度からの〝反歴史論＝歴史の哲学〟です。また、フランシス・フクヤマの**『歴史の終わり』**（三笠書房 一九九二年）以来の〝歴史の終わりブーム〟に対し、何が終わったのかを明らかにしようとする試みです。東北大の現代文で出題されています。

アフォリズム・箴言

「歴史家は科学者のマントを着て、文学の林の外縁を逍遥《しょうよう》しているようなものである」

石川淳《いしかわじゅん》（一八九九〜一九八七）のことば（**『歴史と文学』**より）。

歴史家は言葉で科学しているつもりかもしれないが、歴史を見る目としての史眼は主観であり、科学たりえない。一方、言葉を使う点では文学に近いが、文学とも異なる。文学はフィクションから入って真実にいたろうとするから。このように芥川賞作家である石川淳は、ことのほか、歴史家に対して冷淡です。

「多くの歴史家が、一種の動物に止まるのは、頭を記憶で一杯にしているので、心を虚しくし

て思い出す事が出来ないからではあるまいか」（『無常という事』新潮文庫／角川文庫より）

小林秀雄《こばやしひでお》（一九〇二〜一九八三）のことば。

名高い文芸批評家も過去の出来事を細大もらさず網羅しようとする歴史家を「一種の動物」と揶揄《やゆ》しています。

「研究者は彼が研究するところのプロセスの中に押し入る。そしてこのことは自然科学研究についても歴史研究についても共に正しい」

エドガー・ヴィント（一九〇〇〜一九七一。美術史家）のことば。

「歴史の真の性格は歴史自体に参与するということである。過去の観念が一つの意味を持ち、また一つの価値を形成するのは、自分のうちに未来への情熱を見出す人間にとってのみである」

ポール・ヴァレリー（一八七一〜一九四五。フランスの詩人・小説家）のことば。

第2章

情報

次々舞い込む「お客様のご注文に基づくおすすめ商品」の案内メール。このおすすめの宛先としての「私」とは？「同じものを購入した他のお客様」とカテゴリー化され、紐《ひも》づけられる「私」とは？映画『マトリックス』が描いた仮想現実の「私」とも違う“データとしての私”が存在する世界に私たちは生きているようです。

プレ講義③

東大が先取りしていた「情報化時代とプライバシー」の論点

ＧＡＦＡの法人税の問題に焦点が当てられたのが二〇一八年あたりです。これ以来、なぜ日本からマーク・ザッカーバーグやスティーブ・ジョブズやジェフ・ベゾスのような経営者がでないのかという称賛を含むやっかみに代わり、ＧＡＦＡへの批判が出てきました。またＡＩによるビッグデータ解析やデータサイエンスのきらびやかな可能性の言説とディストピア的脅威感情論の両極ばかりだったものが、それらを相対化する冷静な言説も出てきました（『ＡＩ vs. 教科書が読めない子どもたち』（新井紀子《あらいのりこ》 東洋経済新報社 二〇一八年）。

ここで日本における情報化を振り返ってみましょう。

日本におけるコンピュータ・ネットワークは、東大・東工大・慶大・岩波書店をつなぐアカデミックなものとしてスタートします。アメリカにおけるネットが国防総省主導でなされたのとは対照的です。

学術利用からネットが一般化して日本における「インターネット元年」と呼ばれたのが一九九五年でした（ワールド・ワイド・ウェッブは一九九一年）。ウィンドウズ95の発売の年ですね。多くの人がこの年あたりからネット・アクセス・デビューを果たしましたし、また多くの人がそのデビューの日、〝開通〟の日の感激を覚えていることでしょう。

一方、より若い世代では、もう物心つくころには家にネットアクセスが可能なＰＣやタブレットやスマートフォンがあり、テレビをつけたり、エアコンのスイッチを押したり、蛇口をひねって水を出したりするのと同じなじみさでネットに親しんできたのではありませんか。

いわゆるデジタル・ネイティブ世代です（この言葉は二〇〇一年にアメリカのジャーナリスト、マーク・プレンスキーが初めて使用したといわれています）。またこのころには、ただブラウザーで「ネット・サーフィン」（もはや死語？）するだけでなく多くの人が情報発信者になり、「Ｗｅｂ２・０」などと呼ばれるようになります。

従来の出版文化の担い手（学者や作家や編集者）が、文字通り選ばれし少数者、エリートやインテリゲンチャであったのに対し、「ブロガー」が注目される「総表現者社会」（『**ウェッブ進化論――本当の大変化はこれから始まる――**』梅田望夫《うめだもちお》　ちくま新書　二〇〇六年）となりました。また匿名個人による他者への誹謗《ひぼう》中傷やネットを使った犯罪などが問題になるようにもなります。

さて、今新たに問題として取り上げられるようになったのが、圧倒的な情報強者としてのグローバルＩＴ企業です。しかも「問題」といっても何らかの犯罪的な行為というわけではありません。ネット検索履歴や購買履歴の膨大な蓄積による「正規」のサービスに由来する問題です（税金の話は情報化それ自体とは関係が薄いのでここでは取り上げません）。ある種の個人情報、プライベートな嗜好データが、グーグルやアマゾンに蓄積されています。課題文の筆者、阪本さんが「データ・ダブル（分身）」という言葉で語っているのも、これらに伴うものです。

膨大なデータから、「私」を「ある嗜好《しこう》をもった消費者」として〝格付け〟あるいはカテゴリーに分類し、広告を自動的に選定するのみならず、私たちの選択行動をさまざまに規制します。私たちはネットで「自由に」買い物を楽しんでいるようでいて、実際は企業が設定したフォーマットに沿って注文をしています。

またソフトウェアをダウンロードするときなど、規約に「同意します」「同意しません」という〝選択〟画面が出ますが、「同意しません」という選択は基本的にありません。サービスが停止されるだけです。折衝や交渉の余地、対話を通じた合意形成は一切ありません。またみなさん経験済みでしょうが、ウィンドウズに入っているソリティアなどの「無料ゲーム」を楽しむには広告を見続けることになります。「広告を止めたい方はこちら」なんてあっても、有料の申し込み画面につながるだけです。

こうした企業による前提的な規格や規制のことをアメリカの憲法学者ローレンス・レッシグは「アーキテクチャー」と呼んでいます。

広告だけでなくネット・ニュースの類も、「嗜好」に合わせたものに自動化されていきます。いつのまにか「見たい情報だけ」「信じたい情報だけ」の環境になっていきます。この社会が本来多様なメンバーから成ることを忘れ、耳の痛い話はスルーして（なかったことにして）いくのは社会の分断をもたらすでしょう。先の大統領選挙における、ネット時代の世論形成の危機的状況については吉見俊哉《よしみしゅんや》さんの『**トランプのアメリカに住む**』（岩波新書二〇一八）が参考になります。

かつてプライバシーや個人の自由が話題になるとき、それは国家権力に対するものでした。いわば「国家**からの**自由」が伝統的に目指されてきたものでした。例えば、十九世紀の思想家、ジョン・スチュアート・ミルの『**自由論**』（岩波文庫）の骨子もそこです。

もちろん、現在でもこうした自由に敏感になっておくべき分野は存在します。けれども、圧倒的情報強者である企業に対抗し、市民を守るために、企業の側を規制する国家の役割が注目されるようになっています。レッシグが言う「国家**による**自由」です。ちなみにレッシグのアーキテクチャーについては、近年の法科大学院の試験でもよく出題されています（『**CODE――インターネットの合法・違法・プライバシー**』翔泳社二〇〇一年）。

いまや「環境」として、「情報インフラ」として、ネットが空気のような存在になりつつある現代社会において、プライバシーの変容についての課題文の読解を課すことには知的な意義がありますね。知性の特徴の一つは再帰性だからです。つまり自己省察、あるいは自己と自己をとりまく世界を俯瞰《ふかん》することだからです。

ネットの「ヘビーユーザー」を自負している人でも、それが自己およびこの社会にもたらしつつある事態に自覚的な人は多くはないかもしれません。情報化社会で自己を問う課題文なのです。

なお、二〇一九年五月にグーグルはプライバシーの観点から、検索履歴について三カ月もしくは十八カ月で自動的に削除できる仕組みを選べるようにすると発表しました。『ポスト・プライバシー』の出版が二〇〇九年で東大での出題が二〇一〇年ですから、論点をずいぶん先取りしていたわけです。こういう点でも東大現代文を毎年読むことは知的習慣として役立つと言えそうです。

二〇一〇年度第一問

次の文章を読んで、後の設問に答えよ。

個人の本質はその内面にあると見なす私たちの心への（あるいは内面への）信仰は、私生活を重要視し、個人の内面の矛盾からも内面を推し量ろうと試みてきた。もちろん、このような解釈様式そのものは近代以前からあったかもしれない。しかし、近代ほど内面の人格的な質が重要な意味をもち、個人の社会的位置づけや評価に大きな影響力をもって作用したことはなかっただろう。個人の内面が、社会的重要性をもってその社会的自己と結び付けられるようになるとき、ア内面のプライバシーが求められるようになったのである。

　プライバシー意識が、内面を中心として形成されてきたのは、この時代の個人の自己の解釈様式に対応しているからだ。つまり、個人を知る鍵はその内面にこそある。たしかに自己の所在が内面であるとされているあいだは、プライバシーもまた、そこが拠点になるだろう。社会的自己の本質が、個人のうちにあると想定されているような社会文化圏では、プライバシーのための防壁は、私生活領域、親密な人間関係、身体、心などといった、個人それ自体の周囲をとりまくようにして形づくられる。つまり、個人の内面を中心にして、同心円状に広がるプライバシーは、人間の自己の核心は内面にあるとする文化的イメージ、そしてこのイメージにあわせて形成される社会システムに対応したものである。

　個人の自己が、その内面からコントロールされてつくられるという考え方は、自分の私生活の領域や身体のケア、感情の発露、あるいは自分の社会的・文化的イメージにふさわしくないと思われる表現を、他人の目から隠しておきたいと思う従来のプライバシー意識と深くかかわっている。このような考え方のもとでは、個人のアイデンティティも信用度も本人自身の問題であり、鍵はすべてその内面にあるとされるからである。

　これは個人の自己の統一性というイデオロギーに符合する。自己は個人の内面によって統括され、個人はそれを一元的に管理することになる。このような主体形成では、個人は自分自身の行為や表現の矛盾、あるいは過去と現在との矛盾に対し、罪悪感を抱かされることになる。というのも自分自身のイメージやアイデンティティを守ることは、ひたすら個人自らの責任であり、個人が意識的におこなっていることだからだ。このとき個人の私生活での行動と公にしている自己表現との食い違いや矛盾は、他人に見せてはならないものとなり、もしそれが暴露されれば個人のイメージは傷つき、そのアイデンティティや社会的信用もダメージを受ける。

　ただし、このような自己のコントロールは、他人との駆け引きや戦略というよりは、道徳的な性格のものであり、個人が自らの社会向けの自己を維持するためのものである。だからこのことに関する個人の隠蔽や食い違いには他人も寛容であり、それを許容して見て見ぬふりをしたり、あるいはしばしば協力的にさえなる。アーヴィング・ゴフマンはこうした近代人の慣習を、いわゆる個人の体面やメンツへの儀礼的な配慮として分析し、その一部をウェスティンなどのプライバシー論が、個人のプライバシーへの配慮や思いやりとしてとらえた。

だが人びとは、他人のプライバシーに配慮を示す一方で、その人に悪意がはたらくときには、その行為の矛盾や非一貫性を欺瞞《ぎまん》ととらえて攻撃することもできる。たとえばそれが商業的に利用されると、私生活スキャンダルの報道も生まれてくるのだ。

しかし、もし個人の内面の役割が縮小し始めるならば、プライバシーのあり方も変わってくるだろう。ウ情報化が進むと、個人を知るのに、必ずしもその人の内面を見る必要はない、という考えも生まれてくる。たとえば、個人にまつわる履歴のデータさえわかれば十分だろう。その方が手軽で手っ取り早くその個人の知りたい側面を知ることができるとなれば、個人情報を通じてその人を知るというやり方が相対的にも多く用いられるようになる。場合によっては知られる側も、その方がありがたいと思うかもしれない。自分自身を評価するのに、他人の主観が入り交じった内面への評価などよりも個人情報による評価の方が、より客観的で公平だという見方もありうるのだ。だとすれば、たとえ自己の情報を提供し、管理を受け入れなければならないとしても、そのメリットはある。

「人に話せない心の秘密も、身体に秘められた経験も、いまでは情報に吸収され、情報として定義される」とウィリアム・ボガードはいう。私たちの私生活の行動パターンだけではなく、趣味や好み、適性までもが情報化され、分析されていく。「魅惑的な秘密の空間としてのプライヴァシーは、かつてはあったとしても、もはや存在しない」。ボ《ェ》ガードのこの印象的な言葉は、現に起こっているプライバシーの拠点の移行に対応している。個人の身体の周りや皮膚の内側とその私生活のなかにあったプライバシーは、いまでは個人情報へと変換され、個人を分析するデータとなり、情報システムのなかで用いられる。ボガードはいう。「観察装置が、秘密のもつ魅惑を観察社会のなかではぎとってしまった」。そして「スクリーンは、人びとを「見張る」のでも、プライヴァシーに「侵入する」のでもなく、しだいにスクリーンそのものがプライヴァシーになりつつある」と。

　スクリーンとは、ジョージ・オーウェルの小説『一九八四年』に登場するあのスクリーン、すなわち人びとのありとあらゆる生活を監視するテレスクリーンのことである。この小説では、人びとは絶えずテレスクリーンによって監視されていることが、プライバシーの問題になっていた。しかし今日の情報化社会では、プライバシーは監視される人びとの側にあるのではなく、むしろ監視スクリーンの方にある。つまり個人の内面や心の秘密をとりまく私生活よりも、それを管理する情報システムこそがプライバシー保護の対象となりつつある。「今日のプライヴァシーは、管理と同様、ネットワークのなかにある」とボガードはいう。だからプライバシーの終焉《しゅうえん》は妄想であると。だが、それでもある種のプライバシーは終わった。ここに見られるのは、プライバシーと呼ばれるものの中身や性格の大きな転換である。「今日、プライヴァシーと関係があるのは、「人格」や「個人」や「自己」、あるいは閉じた空間とか、一人にしてもらうこととかではなく、情報化された人格や、ヴァーチャルな領域」なのである。そして、情報化された人格とは、ここでいうオデータ・ダブルのことである。

（阪本俊生『ポスト・プライバシー』）

設問と解答例

（設問一）「内面のプライバシー」（傍線部ア）とはどういうことか、説明せよ。

前フリ部分の説明問題です。

本文のメインはタイトルにもあるように「ポスト・プライバシー」の考察です。つまり現代社会、情報化社会における新しいプライバシーの問題です。

現代での情報化の下では、傍線ウにあるように「個人を知るのに、必ずしもその人の内面を見る必要はない」とか、傍線部エにあるように「プライバシーの拠点の移行」が起こります。さらに問（五）にあるように「個人の外部」にある「データ・ダブル」に焦点が行きます。

したがって「内面のプライバシー」は情報化以前に焦点化されていたものということになります。冒頭で「前フリ」と書いたのはそういうことです。

またこうした「前フリ」の説明問題も東大ではよく出題されます。そういう比較相手の理解なしに主題の理解もないからです。

ともあれ、設問部分を読むだけでこの文章の大きな対比構造がつかめます。〈「情報化以前」対「情報化以後」〉〈「内面のプライバシー」対「プライバシーの外部化＝ポスト・プライバシー」〉という比較です。

とりわけ近代において（「現代＝ポスト・モダン」以前のモダンにおいて）、個人の本質はその内面にあると見なされることについては第一段落・第二段落に書かれています。

文学においても、冒険活劇や奇想天外な行動を描くことよりも個人の内面を描き出そうとするのが、近代文学の特徴です。犯罪の捜査や裁判において重要なのも「動機」という個人の内面を明らかにすることで、それが犯罪の解明だったわけです。

この点について精神科医の中井《なかい》久夫《ひさお》さんが**『徴候・記憶・外傷』**（みすず書房 二〇〇四年）で興味深い指摘をしています。すなわち被告人（加害者）の納得まで引き出すような動機の解明（〝そうか、オレはこういうわけで犯行に及んだのか〟）や裁判官の語りが、納得して刑に服する上で重要だと語っています。
一方、前近代（プレ・モダン）であれば、個人は個人である前に村落共同体のメンバーであり、個人の内面も、個人自体にも焦点が当てられなかったでしょう。

解答例　近代において個人の本質と見なされ、また個人の社会的位置づけや評価にも影響力をもつと考えられた私生活領域、親密な人間関係、身体、心からなるもの。

POINT

得点になる箇所…七つのうち四つとれたら合格圏入り

第一ポイント……近代という指摘
第二ポイント……個人の本質と見なされたという指摘
第三ポイント……個人の社会的位置づけ（評価）に影響という指摘
第四ポイント……私生活領域という指摘
第五ポイント……親密な人間関係という指摘
第六ポイント……身体という指摘
第七ポイント……心という指摘

〈設問二〉「このような自己のコントロール」（傍線部イ）とあるが、なぜそのようなコントロールが求められるようになるのか、説明せよ。

「このような」がさしている内容も近代のあり方です。こうした、私たちの「現代」に先立って、「現代」に影響している近代を、あえて距離を置いて捉え直すという試みはほぼすべての学問分野でなされています。

「自己のコントロール」とは、私生活と公とのズレがないようにすること、あるいはズレがあっても暴露されないようにすることです。また、そのような「自己の統一」や「管理」が個人の責任と考えられてきた。そもそも「個人の本質はその内面」と考えられている時代では、内面の管理＝自己の管理だったわけです。

さらになぜそのようなコントロールが求められたかといえば、傍線の直後に「道徳的な性格のものであり、個人が自らの社会向けの自己を維持するためのもの」という記述があります。つまり、内面と外面の矛盾がないように道徳的に自己を律するべきだし、少なくともその矛盾は外に知られないようにしないと社会的地位も人格的評判も失うことになります。

例えば、大学でフェミニズム論を講じ、男女の同権を訴える男性大学教授が、家庭においては、奥さんに対して暴君であるというような矛盾です。これは道徳的に問題である上に、もし暴露されれば、その教授の社会的地位は危うくなるでしょう。

解答例　自己のアイデンティティや社会的信頼を守るため、自己は統一され、私生活での行動と公の自己表現との矛盾は隠さなければならないから。

POINT

得点になる箇所…五つのうち三つとれたら合格圏入り

第一ポイント……自分のアイデンティティを守るという指摘
第二ポイント……自分の社会的信頼を守るという指摘
第三ポイント……自己の統一という指摘
第四ポイント……私生活と公の自己表現との矛盾（ズレ・違い）という指摘（A）
第五ポイント……Aを隠す必要があるという指摘

（設問三）「情報化が進むと、個人を知るのに、必ずしもその人の内面を見る必要はない、という考えも生まれてくる」（傍線部ウ）とあるが、それはなぜか、説明せよ。

さて、ここから現代の情報化以後です。「内面」と対《つい》になるものは「個人にまつわる履歴のデータ」「個人情報」です。変化を特徴づける表現としては「個人の内面の役割が縮小し始める」「自分自身を評価するのに、他人の主観が入り交じった内面への評価などよりも個人情報による評価の方が、より客観的で公平だという見方もありうる」などがあります。しかも「他人の主観が入り交じった内面への評価」には、「悪意」による攻撃や「商業的利用」によるスキャンダル報道がありうるのですから、当然とも言えます。

私たちのネットでの買い物履歴も検索履歴も、私の外部、つまりグローバルＩＴ企業のデータベースに蓄積されているはずです。

日頃、無自覚なまま、自分自身を含む〝環境〟になってしまっているものを問い直すような設問を東大はよく出します。そういうことができるのが知性だというメッセージと考えられます。

解答例　悪意を含む他人の主観が交じる内面の評価より履歴データなど個人情報による評価の方が客観的で公正との見方が出て個人の内面の役割が縮小したから。

POINT

得点になる箇所…七つのうち四つとれたら合格圏入り

第一ポイント……悪意という指摘
第二ポイント……他人の主観が交じるという指摘
第三ポイント……内面の評価という指摘（A）
第四ポイント……Aより履歴データ（個人情報）が客観的という指摘（B）
第五ポイント……Aより履歴データ（個人情報）が公正という指摘（C）
第六ポイント……BやCの考え方がでることによってという因果関係の指摘
第七ポイント……個人の内面の役割が縮小したという指摘

（設問四）「ボガードのこの印象的な言葉は、現に起こっているプライバシーの拠点の移行に対応している」（傍線部エ）とはどういうことか、説明せよ。

「プライバシーの拠点の移行」とは、すでに問（三）で見た通り、内面から外部（データ）への移行のことです。ボガードのことばとは「魅惑的な秘密の空間としてのプライヴァシーは、かつてはあったとしても、もはや存在しない」であり、ちゃんと「かつて↔もはや」という変化に触れています。

このかつての「魅惑的な秘密の空間としてのプライヴァシー」は、芸能人の私生活を想像するとわかりやすいです。ファンなら（ファンでなくても）有名なアイドルの私生活は知りたいという欲望をかき立てられるものでしょう。またオフィシャルな芸能活動で見せている〝ご本人〟の姿からすれば、プライベートな姿はもう一つの〝分身〟です。みんなが妄想、空想をたくましくするという意味で、筆者は本文とはべつのところで「ファンタジー・ダブル」という表現を使っています。

解答例　かつての魅惑的な秘密の空間としての「プライヴァシー」がいまやなく、情報化したように個人の理解の鍵も内面から個人情報に移ったということ。

POINT

得点になる箇所…五つのうち三つとれたら合格圏入り

第一ポイント……かつての魅惑的なプライバシー（プライヴァシー）という指摘（A）

第二ポイント……かつての秘密の空間としてプライバシー（プライヴァシー）という指摘（B）

第三ポイント……AやBが、いまやないという指摘

第四ポイント……プライバシー（プライヴァシー）が情報化したという指摘

第五ポイント……個人を理解する鍵が内面から個人情報に移ったという指摘

〈設問五〉 傍線部オの「データ・ダブル」という語は筆者の考察におけるキーワードのひとつであり、筆者は他の箇所で、その意味について、個人の外部に「データが生み出す分身（ダブル）」と説明している。そのことをふまえて、筆者は今日の社会における個人のあり方をどのように考えているのか、一〇〇字以上一二〇字以内で述べよ。

ここでも対比事項をまとめます。

もちろん、守るべきプライバシーが内面から外部（データ・ダブル／ポスト・プライバシー）になったことが第一です。

もう一つは「監視」の話です。かつてなら監視から守るべきプライバシーは個人の内面領域であったが、情報化社会では、監視する側、正確には情報を監視・運営している側に移りました。言い換えれば、IT企業のデータベース上にある情報としての「私」をちゃんと管理して外部から勝手に見られたり漏洩しないでくれよ、ということでしょう。

こうした情報化への社会の変化については、東大も当事者です（プレ講義にも記したように日本初のコンピュータ・ネットワークの構成員）。だからこういう問題を作成したのかと考えると興味深いですね。

ところで、ジョージ・オーウェルが一九四八年に未来小説（三つのウルトラ独裁国家が世界を分割統治しているディストピア）として書いた『**一九八四年**』（日本ではハヤカワｅｐｉ文庫）を、私は一九八四年に深い戦慄とともに読みました。まず印象的だったのは課題文にも出てきた「テレスクリーン」です。独裁権力側のプロパガンダを視聴し同調を強制させられると同時に監視カメラとして町中にも住宅内にもある仕掛けです。

この同調圧力の場面は、「ファシズムとは、何かを言わせまいとするものではなく、何かを強制的に言わせるものである」というロラン・バルトの指摘を思い起こさせます。事実、ナチスは政権獲得後、各家庭にラジオの設置を強制しました。一九三三年には四五〇万台だったラジオが一九四五年には一六〇〇万台になっていたそうです。スローガンの連呼とシュプレヒコールはファシズムのおともなのですね。

もう一つ印象的だったのが主人公の住む独裁国家で進められている辞書の編纂《へんさん》作業です。『広辞苑』がそうであるように、ふつうなら改訂版が出るたびに収録語は増えると考えられます。ところがそこでは言語が猛烈な勢いで削除されつづけているのです。

例えば、称賛の表現には「グッド」以外にも「エクセレント」「マーベラス」「ワンダフル」「スパーブ」などいろいろあるはずですが、そこでは、ただ「グッド」があるだけで、強調するときには「ダブル・グッド」しかない。こうして言語表現の多様さに伴うはずの感情の起伏も削られ、人間の感性的多様性も消失させられていく社会なのです。

解答例　かつて個人の内面を中心に同心円状に広がるものがプライバシーであり監視から守られるべきものであった。だが現代の情報化社会では「データ・ダブル」とも言うべき情報化された人格になり、守るべき個人のプライバシーも情報を管理する側に移ったということ。

POINT

得点になる箇所…七つのうち四つとれたら合格圏入り

第一ポイント……「かつて」（近代）と現代との対比の指摘
第二ポイント……「かつて」の説明として個人の内面を中心という指摘
第三ポイント……「かつて」の説明として内面から同心円状に広がるものという指摘
第四ポイント……「かつて」の説明として監視から守られるべきものという指摘
第五ポイント……「現代」の説明として情報化社会という指摘
第六ポイント……データ・ダブルの説明として情報化された人格の指摘
第七ポイント……守るべきプライバシーが管理されている情報に移ったという指摘

筆者紹介：阪本俊生（さかもと　としお）

一九五八年、大阪府生まれ。大阪大学人間科学部卒。同大学院人間科学研究科社会学専攻博士後期課程単位取得満期退学。博士（人間科学）。南山大学経済学部教授。

主な研究テーマとしては、今回の問題文に見られるような社会の変容とプライバシーの研究の他、カール・ポランニー（ハンガリーの経済人類学者。**『大転換―市場社会の形成と崩壊』**が有名）の経済社会論をベースにした日本の社会関係資本の研究、エミール・デュルケーム（フランスの社会学者。**『自殺論』**が有名）の社会統計分析をベースにした日本の自殺率研究などがあります。日本ではいまだに男性自殺率と経済指標（経済成長率・株価・失業率など）との関連性が高いようです。

著書には**『とまどう男たち―生き方編』『とまどう男たち―死に方編』**（いずれも共著。大阪大学出版会二〇一六年）、**『大人になるための経済学入門』**（ＮＨＫ出版二〇〇二年）などがあります。**『プライバシーのドラマトゥルギー―フィクション・秘密・個人の神話』**（世界思想社一九九九年）は本書の前編にあたる仕事です。

出典

『ポスト・プライバシー』（青弓社二〇〇九年）の第4章「内面からデータへ――生産の拠点の問題」第1節「心の社会と内面を中心とするプライバシー観」の一部です。本書は学術書でスラスラ読めるとはいきませんが、それでもジャーゴン（閉鎖的な学術語など）で知的関心をもつ市民をはねつけることはありません。

個人情報が巨大IT企業のデータベースで管理され、街中に監視カメラが設置され（犯罪捜査に役立つということで世論調査ではほぼ九割の人がこれを支持しています）、テクノロジーによる〝セキュリティ化〟が進む社会の当事者として考えるべき論点に満ちています。ゆえに東大は本書を課題文に選んだのだといえるでしょう。なお青弓社は肖像権・プライバシー・表現の自由などをテーマとする書籍を多数出している出版社です。

大人の補講

ネット時代になって、プライバシーのあり方も変化するように、本のあり方も変化する、あるいはすでに大きな変化を迎えつつあるようです。

アマゾンのようなネット通販によって、町の本屋さんが消えていく一方で、個性的な本のセレクトショップが注目される。

またイタリアの記号学者であるウンベルト・エーコらによる、その名も『**もうすぐ絶滅するという紙の書物について**』（CCCメディアハウス 二〇一〇年）という本があります。紙から電子書籍へという流れとともに、そもそも本を読まないという心配な動向もあります。

さて、慶大文学部の小論文入試でこんな設問が出ています。

「設問　あなた自身のこれまでの読書経験を踏まえた上で、本の未来像について論じなさい。」

紙の本は電子書籍に取って代わられるのでしょうか。それともCDが出ても、音楽データをダウンロードするようになってもレコードが生き残ったように、紙の本も電子書籍と併存していくのでしょうか。それとも紙の本はある機能を電子書籍に代替される分、新しい機能上の可能性を付加されるのでしょうか。

次節に登場する原研哉さんが、ネット時代における本のあり方についていくつかの示唆を出しています（「大量発話時代と本の幸せについて」〈池澤夏樹編『**本は、これから**』岩波新書二〇一〇年〉）。そこでは、あえて紙で出版される本が貴重化する可能性とデスクトップパブリッシングと結びついたオーダーメイド型の、しかもマスではないミニコミ型の紙の本の可能性などが指摘されています。

読書案内

『インターネット』（村《むら》井《い》純《じゅん》 岩波新書 一九九五年）

『インターネットⅡ―次世代への扉―』（村井純 岩波新書 一九九八年）

氏は、慶大数理学科卒。日本におけるコンピュータネットワーク構築の、その張本人の記録です。どんなモチベーションといかなる制約のもとに日本でインターネットをつくったのか、本人の弁を聞きたくありませんか。

『ポスト・ヒューマン誕生―コンピュータが人類の知性を超えるとき』（レイ・カーツワイル NHK出版 二〇〇七年）

ダイジェスト版が**『シンギュラリティは近い』**として二〇一六年に出ています。

氏は一九四七年、ニューヨーク生まれ。MIT卒。「ムーアの法則」と呼ばれる半導体の指数関数的成長（ほぼ一年で計算速度は二倍、値段は二分の一、サイズも二分の一……）から提言された二〇四五年の「シンギュラリティ予測」はすっかり有名になりました。これに加えてナノサイズAIロボット（ナノボット）による人間の超長寿化など多数の未来予測分析があり、興味深いです。肯定するにしろ否定するにしろ、まずはこの本から。

『デジタル・ナルシス　―情報科学パイオニアたちの欲望―』（西垣通《にしがきとおる》 岩波現代文庫 二〇〇八年）

氏は、東大工学部計数工学科卒。明大教授を経て、東大大学院情報学環名誉教授。理系の経歴をもつ筆者ですが、文章は機知に富み、たくみな比喩など、ほとんどエレガントとさえいえます。それは各章のタイトルからもうかがえます。「ゴーレムはよみがえった―ジョン・フォン・ノイマンのユートピア」「機械との恋に死す―アラン・チューリングのエロス」「階差に神はやどる―チャールズ・バベッジのロマン」「通信路は絶たれた―クロード・シャノンのダンディズム」「メタ・パターンを舞い踊る―グレゴリー・ベイトソンのアクロバット」「巨人は遅れてやってきた―ノーバート・ウィーナーのクルーセイド」「デジタル・ナルシス―機械は第三の性」……いかがでしょう。同じ西垣さんの本、**『ビッグデータと人工知能―可能性と罠を見極める』**（中公新書 二〇一六年）では、レイ・カーツワイルが提唱した、AIが全分野で人間をしのぐという「二〇四五年特異点説」を批判的に検証しています。

『IoTとは何か―技術革新から社会革新へ』（坂村健《さかむらけん》 角川新書 二〇一六年）

氏は一九五一年、東京都生まれ、慶大理工学部卒、東大情報学環教授、ユビキタス情報社会基盤センター長を経て、東洋大情報学部学部長。TORON以来、この分野で世界を牽引してきた筆者による情報化社会論です。

『メディア・リテラシー　―世界の現場から―』（菅谷明子《すがやあきこ》 岩波新書 二〇〇〇年）

氏は一九六三年、北海道生まれ。カナダ留学後、ニューズウィーク日本版スタッフ。コロンビア大大学院でコミュニケーション論専攻。新聞やテレビやネット、コマーシャルにいたるまで、メディアを冷静に捉えなおす新しい教養＝メディア・リテラシーの実践例を紹介。英・米・カナダなどでは小学生から「国語」の授業でメディアを見る目を養っています。

アフォリズム・箴言

「現代人はのぞき屋であるのと同じくらい、のぞかれたがり屋にもなっている。サルトルは『見られる不安』を言ったが、私たちは『見られる安心』の中にいる。見られていないと不安なのだ」

上野千鶴子《うえのちづこ》『〈私〉探しゲーム―欲望私民社会論』（筑摩書房 一九九二年）

ちなみに「見る・見られる」不安と欲望については安部公房《あべこうぼう》の小説**『箱男』**（新潮文庫）が印象的です。

プレ講義④

〝表層から本質へ〟……東大が好むモチーフ

かのゲーテは「芸術家は語るな。制作せよ」と言いました。一方、グラフィック・デザイナーでありつつ、デザイン自体を言語で語れる人こそ、今回の筆者、原研哉さんです。もちろんアートとデザインとでは違いがあるのでしょうが（原さん自身の指摘）、ともあれ、言語コミュニケーションとビジュアルコミュニケーションを高度に両立させているのが原さんです。

さて、原さんは課題文『**白**』の〈まえがき〉にて「白について語ることは色彩について語ることではない。それは自分たちの文化の中にあるはずの感覚の資源を探り当てていく試みである」と語っています。〝ヤバい〟くらいカッコイイ書き出しです。また、こうした〝表層から本質へ〟は東大が好むモチーフです。そこで「白」に関連する文化的感受性（偏見も含む）のいくつかを紹介してみたいと思います。

まず漢字研究の泰斗《たいと》、白川静《しらかわしずか》さんの業績である『**新訂　字統［普及版］**』（平凡社）によれば、「白」は象形文字で白骨化した頭蓋骨の形に由来します。風雨にさらされて白骨化したされこうべの色から「白色」の意味になったそうです。この『字統』は、漢字の語源を知る上で極めて有益な本です。とくに何気ない漢字に含まれていた呪術的意味を知り、ドキッとします。

次に、ドイツ文学の研究者として名高い池内《いけうち》紀《おさむ》さんが、『**悪魔の話**』（講談社学術文庫二〇一三年）の中で、白と黒をめぐる興味深い考察をしています。西欧の人々（モンゴロイド・ニグロイドと並ぶ、人種の三分類ではコーカソイドに属する人々）が自らを「白人」と同定した。

池内さん自身が、戦後進駐軍を見た時の印象でも、その後のヨーロッパ留学の経験でも、けっして「白い」とは言えないと語っていますが、そうした彼らが自らを「白人」と呼び始めたとき、それは同時に自らを「真・善・美・光」のイメージと結びつけることになった。一方、黒人を「偽・悪・醜・闇」と結びつける思考ともなったと言います。天使は白く、悪魔は黒く描かれる道理です。人種的偏見のある種の奥深さを知らされます。

そうなるとアメリアの大統領公邸が「ホワイトハウス」であることにもなんらかの文化的な意味があるのでしょうか。アメリカ人の「主流」が「WASP」（ホワイト・アングロ＝サクソン・プロテスタント）とされるくらいですから。

一七九二年にジェイムス・ホーバンの設計で起工された当初、あの建物は、ジョージアン様式の邸宅建築で、白くはなかったそうです。一八〇〇年にジョン・アダムズ大統領がはじめて住んだと記録されています。ただし大統領の私邸であり公邸ではなかった。

ところが、米英戦争中の一八一四年にイギリス軍による攻撃で炎上してしまった。一八一五年から再建が始まり、黒く焼け焦げた跡を白く塗り直した……セオドア・ルーズベルト大統領（在任一九〇一～一九〇九）のときに「ホワイトハウス」が公式名となったそうです。

はたして黒い焦げ跡が残ったから白くした……それだけなのか別の意味があるのか調べてみたいです。

二〇〇九年度第一問

次の文章を読んで、後の設問に答えよ。

白は、完成度というものに対する人間の意識に影響を与え続けた。紙と印刷の文化に関係する美意識は、文字や活字の問題だけではなく、言葉をいかなる完成度で定着させるかという、情報の仕上げと始末への意識を生み出している。白い紙に黒いインクで文字を印刷するという行為は、不可逆な定着をおのずと成立させてしまうので、未成熟なもの、吟味の足らないものはその上に発露されてはならないという、暗黙の了解をいざなう。
推敲《すいこう》という言葉がある。推敲とは中国の唐代の詩人、賈島《かとう》の、詩作における逡巡《しゅんじゅん》の逸話である。詩人は求める詩想において「僧は推《お》す月下の門」がいいか「僧は敲《たた》く月下の門」がいいかを決めかねて悩む。逸話が逸話たるゆえんは、選択する言葉のわずかな差異と、その微差において詩のイマジネーションになるほど大きな変容が起こり得るという共感が、この有名な逡巡を通して成立するということであろう。月あかりの静謐《せいひつ》な風景の中を、音もなく門を推すのか、あるいは静寂の中に木戸を敲く音を響かせるかは、確かに大きな違いかもしれない。いずれかを決めかねる詩人のデリケートな感受性に、人はささやかな同意を寄せるかもしれない。しかしながら一方で、推すにしても敲くにしても、それほどの逡巡を生み出すほどの大事でもなかろうという、微差に執着する詩人の神経質さ、器量の小ささをも同時に印象づけているかもしれない。これはア「定着」あるいは「完成」という状態を前にした人間の心理に言及する問題である。

　白い紙に記されたものは不可逆である。後戻りが出来ない。今日、押印したりサインしたりという行為が、意思決定の証として社会の中を流通している背景には、白い紙の上には訂正不能な出来事が固定されるというイマジネーションがある。白い紙の上に朱の印泥《いんでい》を用いて印を押すという行為は、明らかに不可逆性の象徴である。

思索を言葉として定着させる行為もまた白い紙の上にペンや筆で書くという不可逆性、そして活字として書籍の上に定着させるというさらに大きな不可逆性を発生させる営みである。推敲という行為はそうした不可逆性が生み出した営みであり美意識であろう。このような、達成を意識した完成度や洗練を求める気持ちの背景に、白という感受性が潜んでいる。

子供の頃、習字の練習は半紙という紙の上で行った。黒い墨で白い半紙の上に未成熟な文字を果てしなく発露し続ける、その反復が文字を書くトレーニングであった。取り返しのつかないつたない結末を紙の上に顕《あらわ》し続ける呵責《かしゃく》の念が上達のエネルギーとなる。練習用の半紙といえども、白い紙である。そこに自分のつたない行為の痕跡《こんせき》を残し続けていく。紙がもったいないというよりも、白い紙に消し去れない過失を累積していく様を把握《はあく》し続けることが、おのずと推敲という美意識を加速させるのである。この、推敲という意識をいざなう推進力のようなものが、紙を中心としたひとつの文化を作り上げてきたのではないかと思うのである。もしも、無限の過失をなんの代償もなく受け入れ続けてくれるメディアがあったとしたならば、推すか敲くかを逡巡する心理は生まれてこないかもしれない。

現代はインターネットという新たな思考経路が生まれた。ネットというメディアは一見、個人のつぶやきの集積のようにも見える。しかし、ネットの本質はむしろ、不完全を前提にした個の集積の向こう側に、皆が共有できる総合知のようなものに手を伸ばすことのように思われる。つまりネットを介してひとりひとりが考えるという発想を超えて、世界の人々が同時に考えるというような状況が生まれつつある。かつては、百科事典のような厳密さの問われる情報の体系を編むにも、個々のパートは専門家としての個の書き手がこれを担ってきた。しかし現在では、あらゆる人々が加筆訂正できる百科事典のようなものがネットの中を動いている。間違いやいたずら、思い違いや表現の不的確さは、世界中の人々の眼に常にさらされている。印刷物を間違いなく世に送り出す時の意識とは異なるプレッシャー、良識も悪意も、嘲笑《ちょうしょう》も尊敬も、揶揄《やゆ》も批評も一緒にした興味と関心が生み出す知の圧力によって、情報はある意味で無限に更新を繰り返しているのだ。無数の人々の眼にさらされ続ける情報は、変化する現実に限りなく接近し、寄り添い続けるだろう。断定しない言説に真偽がつけられないように、その情報はあらゆる評価を回避しながら、エ文体を持たないニュートラルな言葉で知の平均値を示し続けるのである。明らかに、推敲がもたらす質とは異なる、新たな知の基準がここに生まれようとしている。

　しかしながら、無限の更新を続ける情報には「清書」や「仕上がる」というような価値観や美意識が存在しない。無限に更新され続ける巨大な情報のうねりが、知の圧力として情報にプレッシャーを与え続けている状況では、情報は常に途上であり終わりがない。

　一方、紙の上に乗るということは、黒いインクなり墨なりを付着させるという、後戻りできない状況へ乗り出し、完結した情報を成就させる仕上げへの跳躍を意味する。白い紙の上に決然と明確な表現を屹立《きつりつ》させること。不可逆性を伴うがゆえに、達成には感動が生まれる。またそこには切り口の鮮やかさが発現する。その営みは、書や絵画、詩歌、音楽演奏、舞踊、武道のようなものに顕著に現れている。手の誤り、身体のぶれ、鍛錬の未熟さを超克し、失敗への危険に臆《おく》することなく潔く発せられる表現の強さが、感動の根源となり、諸芸術の感覚を鍛える暗黙の基礎となってきた。音楽や舞踊における「本番」という時間は、真っ白な紙と同様の意味をなす。聴衆や観衆を前にした時空は、まさに「タブラ・ラサ」、白く澄みわたった紙である。

弓矢の初級者に向けた忠告として「諸矢《もろや》を手挟《たばさ》みて的に向かふ」ことをいさめる逸話が『徒然草』にある。標的に向かう時に二本目の矢を持って弓を構えてはいけない。その刹那《せつな》に訪れる二の矢への無意識の依存が一の矢への切実な集中を鈍らせるという指摘である。この、オ<u>矢を一本だけ持って的に向かう集中の中に白がある。</u>

（原研哉『白』）

〔注〕○タブラ・ラサ―― tabula rasa（ラテン語）　何も書いてない状態。

設問と解答例

〈設問一〉「「定着」あるいは「完成」という状態を前にした人間の心理」（傍線部ア）とはどういうことか、説明せよ。

直前の「推敲」にまつわる具体例（エピソード）とその具体例によって筆者は何を語りたかったのかをまとめる問題です。

ここで大事なのは、この「人間の心理」はプラス評価とマイナス評価の二つを含む両義的なものであるという点です。矛盾や皮肉のような、意味が重層的になっているところは、よく傍線を引かれて問いになります。〝いいものはいい、この道まっしぐら〞みたいな単線的なところを問うても理解力の尺度としては不足でしょうからね。

では、この「心理」の二つの内容に迫ります。まず、「推」か「敲」かの詩人の逡巡（迷い）について、小さなことに見えることにもしっかりこだわる、良い意味での「デリケートな感受性」という誉《ほ》めたくなるような心理があります。「しかしながら一方で」と原さんも書いているように、器量が小さいせいで、大事でもないことにこだわりすぎる誉められない心理が「同時」にあります。

〝こだわり〟という表現は本文にはありません。私が解説のために使っていますが、この言葉自体、実は両義的です。もともとはどうでもいいことに心をかかわらせてしまうという悪い意味だったのが、〝こだわりのスープ〟のように、飲食を中心に、手抜かりしませんとの良い意味で使われるように変化しています。

ともあれ、この傍線部の説明としては、この「心理」のプラス・マイナス両方を書きます。ちなみに白い紙ゆえの不可逆性とそれゆえの覚悟（未成熟・吟味不足ではだめだぞ）という話は問（二）で書くのがよいでしょう。それぞれの問いでの役割分担があるからです。

解答例　選択する言葉のわずかな差異に悩む推敲という逡巡には、詩人のデリケートな感受性と微差に執着する器量の小ささという両義性があること。

POINT

得点になる箇所…六つのうち三つ〜四つとれたら合格圏入り

第一ポイント……選択する言葉のわずかな差異という指摘
第二ポイント……推敲という指摘
第三ポイント……悩むあるいは逡巡という指摘
第四ポイント……デリケートな感受性など逡巡をプラスに評価する指摘

第五ポイント……微差に執着する器量の小ささなど逡巡をマイナスに評価する指摘
第六ポイント……同時にある・両義性などのまとめる表現

（設問二）「達成を意識した完成度や洗練を求める気持ちの背景に、白という感受性が潜んでいる」（傍線部イ）とはどういうことか、説明せよ。

「達成を意識した完成度や洗練を求める気持ち」が直接指示しているのは、直前の「不可逆性が生み出した営みであり美意識」です。さらにその「不可逆性」とは、「思索を言葉として定着させる行為」（白い紙の上にペンや筆で書く）という「不可逆性」と「活字として書籍の上に定着させるというさらに大きな不可逆性」の二つです。

いわばノートへのメモレベルと本の出版レベルの定着です。答案ではこの二つに触れたいです。

さらに、その「背景に」ある「白という感受性が潜んでいる」ことの説明を加えます。さっきの問（一）では主題的に書かなかった「白」にまつわる意識をついに書きます。これについては、第一段落の「白い紙～未成熟なもの、吟味の足らないものはその上に発露されてはならないという、暗黙の了解をいざなう」がヒントになります。「背景に～潜んでいます」という表現と「暗黙の了解」はとてもマッチした表現ですからね。

こういうわけで、どうして達成とか完成とか洗練を求めてしまうのか、白い紙だから後戻りできない（不可逆）ということと、未成熟・吟味不足は認められないという白ゆえの感受性、暗黙の了解があるからなんですね。これを書きます。

ちなみに暗黙の知といえば……マイケル・ポランニーを思い出します（**『暗黙知の次元―言語から非言語へ』**紀伊國屋書店　一九八〇年）。言語的に明晰《めいせき》に語れるものばかりが「知」ではないというのです。自転車の乗り方を現に「知っている」のにそれを言葉だけで説明するのは困難です。

解答例　思索を言葉にさらに書籍として定着させる不可逆性の意識には、白い紙の上に未成熟、吟味不足のものを発露させてはならないとの暗黙の了解があるということ。

POINT

得点になる箇所…六つのうち三つ～四つとれたら合格圏入り

第一ポイント……思索を言葉に定着という指摘

第二ポイント……書籍として定着という指摘

第三ポイント……不可逆性・取り返しがつかないという指摘
第四ポイント……白い紙の上に未成熟なものを発露してはならないという指摘
第五ポイント……白い紙の上に吟味不足のものを発露してはならないという指摘
第六ポイント……暗黙の了解という指摘

〈設問三〉「推敲という意識をいざなう推進力のようなものが、紙を中心としたひとつの文化を作り上げてきた」（傍線部ウ）とはどういうことか、説明せよ。

シビれる問題です。前半のまとめともいえる問題です。

「紙」にまつわる「文化」については第一段落に「紙と印刷の文化に関係する美意識は、文字や活字の問題だけではなく、言葉をいかなる完成度で定着させるかという、情報の仕上げと始末への意識を生み出している」とあります。使えそうです。

「推敲という意識をいざなう推進力のようなもの」の直接の言い換えは、直前の「白い紙に消し去れない過失を累積していく様を把握し続けることが、おのずと推敲という美意識を加速させる」です。またその前の「取り返しのつかないつたない結末を紙の上に顕し続ける呵責の念が上達のエネルギーとなる」も同趣旨です。

自分の過失への自覚が成長への原動力になるということです。自分自身を棚上げしないで、自らの誤りやすさ・可謬性《かびゅう》（fallibility）に敏感になることが成長になる。カール・ポパーをはじめ、多くの論者が語る知的なあり方です。

第5章【哲学】で登場する内田樹さんは、自分を上方から見つめ直す仮想的な視点をもつこと、自分を俯瞰することを、「知的なマッピング」と呼んでいます（『疲れすぎて眠れぬ夜のために』角川文庫 二〇〇七年）。

東大は、自らの知性を問う知性、いわば〝メタ知性〟〝メタ認知〟の眼をもちなさいというメッセージを繰り返し発しています。ともあれ、たくさんの本を読んでいてうれしくなるのは、他の全く異なるジャンルで書かれていたこととの意外な接点を見つけたときの喜びです。

さて、原さんの考察では、こうした自己省察を導くのが、紙の白さです。これは斬新な視点ですね。マッピングは、紙は紙でも地図からのアナロジー、類推です。いわば情報に埋め尽くされた紙の上に自分を位置付けて自分を知る方法です。一方、原さんは白紙の紙に向かうからこその、自己の未熟さへの気付きです。

原さんは、どうしてこういう発想にたどり着いたのでしょうか。課題文では、お習字の稽古に励む子どもの事例を挙げていますが、実は原さん自身のグラフィック・デザイナーとしての仕事と関係しているに違いないと私は推察します。むしろ事後的に子どものころの書道の手習いもまた「白い紙」に向かう特別な意識なしには上達はなかったんだなと振り返っているのではないでしょうか。

とくに原さんの業績（例えば、『白』のブックデザインや「無印良品」「MUJI」のロゴと余白など）を見ると、まさに「白い紙」との対峙《たいじ》だなという印象を持ちます。どれほどの試行錯誤の末に決定されたデザインであるのか、今回の文章を読んだことで思いが至る気がします。

解答例　白い紙に消せない過失を累積する様を把握し続けることが、言葉をいかなる完成度で定着させるかという、情報の仕上げと結末の意識を生み出すということ。

POINT

得点になる箇所…六つのうち三つ〜四つとれたら合格圏入り

第一ポイント……白い紙に消せない（不可逆な）過失を累積するという指摘（A）
第二ポイント……Aを把握し続けるという指摘（B）
第三ポイント……言葉をいかなる完成度で定着させるかにかかわる意識という指

摘（C）

第四ポイント……情報の仕上げの意識という指摘（D）

第五ポイント……情報の結末の意識という指摘（E）

第六ポイント……BがCやDやEを生んだ（つくった）という指摘

（設問四）「文体を持たないニュートラルな言葉で知の平均値を示し続ける」（傍線部エ）とはどういうことか、説明せよ。

ここでは紙の白さに向かうときとは対極的な、ネットにおける言葉や知のあり方の説明が求められていています。やはり対比相手の説明を求める設問がかならず入ってきますね。文章全体の理解では対比相手（サブ・メッセージ）の理解も不可欠だからです。

さて「文体を持たない」のは、ネットでは大勢が参加して加筆しているからです。筆者はウィキペディアのようなネット上の百科事典を挙げています（二〇〇一年アメリカのジミー・ウェールズのプロジェクトとしてサービス開始）。また、「完成」とか「清書」というものがなく、無限に更新し続けているからです。こういう説明を答案に入れます。

そもそも文体とは、「文章のスタイル」であり「その作者らしい文章表現上の特色」（『**広辞苑**』第四版）です。大勢で書く以上、特定の特色は現れようもなく「ニュートラル」（どれにも偏らない・中立的・無色）になるわけです。

ただし筆者は、推敲の緊張感や完成の質とは異なる、このネットの「知」をある程度評価しています。「新たな知」「総合知」「変化する現実に限りなく接近し、寄り添い続ける」などの表現はいくらかポジティブです。これが「知の平均値を示し続ける」の説明になるでしょう。

ところで、この「知の平均値」で思い起こされる〝顔〟の研究があります。東大の苗村研究室（東大大学院情報学環・学際情報学府）の研究です。

それによれば、例えば男性一〇〇人分の顔写真、女性一〇〇人分の顔写真、それぞれをコンピュータ上で合成していわば〝平均顔〟をつくると、なんとチョー美男美女の画像ができるそうです。一〇〇より一〇〇〇の方がなおよいようで、つまりイケメンくんや絶世の美女は、数理的には高度に整った顔ということになりそうです。なお、複数の顔写真を合成するモーフィングソフトなども実用化されており、フリーウェアとしても出ています。

解答例　印刷物の厳密さと異なり、ネットの百科事典では無数の人々が加筆訂正でき、無限に更新を繰り返す総合知により、変化する現実に接近し続けられるということ。

POINT

得点になる箇所…六つのうち三つ～四つとれたら合格圏入り

第一ポイント……印刷物（紙／白い紙）と異なるという指摘
第二ポイント……ネットの百科事典という指摘
第三ポイント……多くの人が加筆訂正（参加）できるという指摘
第四ポイント……無限に更新という指摘
第五ポイント……総合知（のようなもの）という指摘
第六ポイント……変化する現実に接近できるという指摘

（設問五）「矢を一本だけ持って的に向かう集中の中に白がある」（傍線部オ）とはどういうことか。本文全体の論旨を踏まえた上で、一〇〇字以上一二〇字以内で説明せよ（句読点も一字として数える。なお採点においては、表記についても考慮する）。

二本目の矢はない、というプレッシャーこそ切実な集中力をもたらす。文章全体を踏まえれば、これはネットにおける無限の更新にともなうプレッシャーとの対比です。「全体の趣旨」を踏まえようとするとき、ただ一生懸命に読むというのではなく、対比を考えると軸ができます。これに言及します。

次にメインの解説をします。弓矢と同様、後戻りできないからこその仕上げへの跳躍、本番に臨む覚悟が必要な分野として、「書や絵画、詩歌、音楽演奏、舞踊、武道」が挙げられています。「音楽や舞踊における『本番』という時間は、真っ白な紙と同様の意味をなす」という表現もあります。ここから傍線部の「白がある」とは、弓矢の本番も真っ白な紙に向かうのと同じだぞ、ということです。

ところで試験に臨む心境も似ていますね。〝来年もある〟ではなく〝今年決める！〟そう意欲する受験生はどんな思いでこの設問に向かったでしょうか。そう考えると、こちらの気持ちも引き締まります。

解答例　弓矢において二の矢に依存しない切実な集中を高めることは、ネットにおける情報を無限に更新する際の知の圧力とは異なり、白い紙に向かうのと同様、後戻りできない状況へ乗り出し、完結した情報を成就させる仕上げへの跳躍があるということ。

POINT

得点になる箇所…九つのうち五つとれたら合格圏入り

第一ポイント……二の矢に依存しないという指摘
第二ポイント……切実な集中（緊張感）を高めるという指摘
第三ポイント……ネットとは異なるという指摘（Ａ）
第四ポイント……Ａの内容として情報を無限に更新する際の知の圧力という指摘
第五ポイント……弓道における心構えと白い紙に向かうときの心構えは共通という指摘
第六ポイント……後戻りできない（不可逆）という指摘
第七ポイント……そのような状況に乗り出すという指摘
第八ポイント……完結した情報を成就させるという指摘
第九ポイント……仕上げへの跳躍という指摘

筆者紹介：原研哉（はら　けんや）

一九五八年岡山県生まれ。武蔵野美術大学大学院デザイン専攻修了。グラフィックデザイナー。武蔵野美術大学教授。無印良品のアートディレクションで知られるほか、長野冬季五輪の開会式・閉会式のプログラムを手掛け、数多くの受賞歴を持ちます。

著書**『日本のデザイン――美意識がつくる未来』**（岩波新書二〇一一年）……入試現代文や小論文によく出題されます。**『デザインのデザイン』**（岩波書店二〇〇三年 サントリー学芸賞）……自ら手掛けた作品の図版も多数収録。このタイトルが示すところは〝デザインの哲学〟〝デザインの科学〟と同じです。原さんは武蔵野美術大学（通称、ムサ美）にお勤めですが、とくに「基礎デザイン学科」の主任教授です。

「基礎」といってもデザインの初歩を学ぶ所ではありません。むしろ、そもそもデザインとは何かを根源的に学び実践する学科です。数学基礎論（そもそも数学を成り立たせているものはなにかの探究）と同じです。英語名では「science of design」です。うーむ、カッコイイ。ムサ美の卒業生、なかむらるみさんの『おじさん図鑑』（小学館二〇一一年）に原さんが登場していいます。それによれば好きなお酒はグレンモレンジで、カラオケでは大瀧詠一さんの曲を歌うそうです。

出典

『白』（中央公論新社二〇〇八年）の第四章「白へ」第一節〈推敲〉と第二節〈白への跳躍〉のほぼ全文です。カバーデザインの美しい本です。思った通り、**『デザインのデザイン』**ともども、筆者自身による装丁です。また、帯を第5章に登場する内田樹さんが書いています。

大人の補講

芸術は（音楽も美術も）国境を超えるという表現があります。言葉が通じなくても感性レベルで通じ合えると。

そもそも言葉にできない、論理・理屈ではないなにか根源的なものを芸術は表現しているのだともいわれます。したがって国境を超えるだけでなく、時代も超えて万人の胸を打つ普遍的なものが芸術だという考えです。

一方で、「芸術にかかわる日本的感性（感じ方の日本的個性）」というものはあるのでしょうか。今回は、芸術に関連して慶應大学文学部の小論文で出題された問いを考えてみましょう。問いはこうです。

〈芸術にかかわる感性は普遍的なものであって、日本的感性など存在しない＝①〉、〈昔の日本には個性的な感性があったが、現代社会になって失われてしまった＝②〉、〈日本的な感性は、時代を超えて現代にも存在している＝③〉、以上①〜③のうち、いずれの立場に立つかを明確にした上で、なぜそう考えるのか、例を挙げて論じなさい。

方向性が三つに限定されており、窮屈に感じるかもしれませんが、あえて限定下でどれだけ言葉を出せるか、具体例を出せるか試してみるのも一つの思考の鍛え方です。

また今回の原さんの考察〝白に対する感受性や美意識〟は、どの程度まで普遍的と言えるでしょうか。「推敲」は古代中国の逸話でした。弓矢の話は鎌倉時代でした。一方、どの程度まで「日本的感性」と呼べそうか、考えてみるのもよい復習、補講になるのではないでしょうか。

読書案内

『「赤」の誘惑』（蓮實重彦《はすみしげひこ》 新潮社 二〇〇七年）

「白」は、単なる色彩の一つではなく一つの思想であったわけです。一方、「赤」もまたそれとは別の思想となりえそうです。一九九七年から二〇〇一年まで東大総長を務めた蓮實氏（仏文科卒で専門は表象文化論・映画論・文芸批評）による、「赤」という魔性の色と文芸作品との関係を論じたものです。

難解な文章を書くことで知られる氏ですが、この本に関しては「読みにくさを惹起《じゃっき》することがないように配慮」した『歓待《かんたい》の掟《おきて》』を身にまとった慇懃《いんぎん》な書物だ」と自ら〈まえがき〉にて語っておられます（すでにとってもわかりやすいですね！）。第Ⅰ章は、『赤頭巾』と『赤い靴』です。

『形とデザインを考える60章―縄文の発想からCG技術まで―』（三井秀樹《みついひでき》 平凡社新書 二〇〇一年）

デザインや美術表現を考える上で、基本的な事項をわかりやすく説明。一テーマ三ページ程度で、写真や図版がついています。しかも、どの章からでも読める構成。氏は、アルマーニのスーツで写真現像もこなしてしまう筑波大きっての伊達《だて》男との評判です。

『デザインの20世紀』（柏木博《かしわぎひろし》 NHKブックス 一九九二年）

柏木さんは原さんと同じ、武蔵野美術大卒、武蔵野美術大学教授。美大出身者による広範なデザイン論。社会あるいは時代とデザインの関連を説く。読みやすい上に写真・図版が多数収録されています。他に**『日用品のデザイン思想』**（晶文社 一九八四年）があります。

『誘惑するオブジェ―時代精神としてのデザイン―』（宇波彰《うなみあきら》 紀伊國屋書店 一九九一年）

『デザインのエートス―〈人〉と〈物〉のアイデンティティをめぐって―』（宇波彰 大村書店

一九九八年）

氏は東大哲学科卒。哲学者によるデザイン論。モノのデザインは、二十世紀という時代と社会の心性、メンタリティを映し出す鏡となる。とくに『誘惑するオブジェ』は、写真が多数のうえ、用語解説や参考文献が毎ページの脚注にあり、読みやすく勉強になります。

アフォリズム・箴言

「心はいってみれば文字をまったく欠いた白紙（タブラ・ラサ）で、観念は少しもないと想定してみよう。どのようにして心は観念をそなえるようになるのか。経験からである」

ジョン・ロック（一六三二〜一七〇四）のことば。『市民政府二論』（『**統治二論**』岩波文庫。翻訳は第4章で言及する加藤節《たかし》さん）で名誉革命に思想的貢献をしたことで知られるロックですが、一方でイギリス経験論を代表する哲学者です。先のことばは『**人間悟性論**』（岩波文庫）に出てきます。タブラ（tabula）は英語のタブレット（tablet）の語源です。

「新品の真白い紙を目の前にすると、自分が生まれる以前のことから責任をとらされるようで居ごこちが悪くなる」

美術家 大竹伸朗《おおたけしんろう》のことば（『既にそこにあるもの』ちくま文庫 二〇〇五年）。

第3章

科学

科学が進めば未知なる領域はなくなっていく？　むしろ新しい未知のフロンティアが広がり続けている。一方、私たちは日々 IT ツールを使いこなしていても、科学という営みがどんなものであるのかという理解からは遠ざかっている。東大が文理分断型の勉強を推奨しないのは、そうした疎外への予防と思われます。

プレ講義⑤

「わかりやすさ」への東大の問題提起とは

自然科学系のノーベル賞受賞者が毎年のように日本から輩出され、私たちは誇らしい気持ちになります。

東大の小柴昌俊《こしばまさとし》教授がノーベル賞を受賞した際（二〇〇二年）の感慨は個人的にも深いものがあります。というのも、朝の通勤電車にて新聞を広げる乗客のもつ、その一面トップのすべてが「小柴氏ノーベル物理学賞！」だったからです。いやー、我がことのようにうれしかったですね。苗字が同じというだけで家族でも親戚でもなんでもないんですけどね。

個人的感慨はともかく、日本のトップ科学者は口をそろえて、未来の日本の科学力をとても心配しています。予算の削減圧力のもと、「成果」を求められているからです。つまり、すぐに役立つ研究ばかり重視され、基礎研究（「何のため」を超えた学究・知りたいがためという知的好奇心による探究）がないがしろにされつつあるのです。二〇一六年にノーベル生理学医学賞を受賞した東工大の大隅良典《おおすみよしのり》教授も、基礎研究の重要さを言い続けてきた方です。

それなのに受賞記者会見で、あるテレビ局のアナウンサーが真っ先にした質問が「先生の研究は何の役に立つのですか」でした。絶句です……マスメディア、とくにテレビメディアは一般庶民の味方というスタンスですので、一般庶民が知りたいだろうということを、気を利かせてアナウンサーは質問したのでしょう。だとすれば、私たちはずいぶんと見くびられているわけです。

いや、問題はもっと深刻というべきでしょう。「国民」の関心は当然のように実用にあるという空気をメディアが醸成してしまっている上に「国民」がそれに加担させられているとも言えるからです。そもそもメディアが好んで連呼する「国民的歌姫」「国民的アイドルグループ」など「国民的」という表現は、素朴に見えて強引で強迫的です。

「役に立つ」をめぐって半世紀以上前に警告を発していた学者に小泉信三《こいずみしんぞう》がいます。こちらは経済学者ですが、慶應義塾長まで務めた碩学《せきがく》です。その名も**「学問の道」**と題する論説にて、「知識のために知識をもとめ、学問のために、学問をする」「人間が正しくものを知るということ自身のため」「学問それ自体のため」学ぶことが学問の本筋だと力説します。一方、すぐに役立ちそうな学問、試験のための学問、立身出世のための学問などへのダメ出しをしています。

こうした大学人の尽力もあってでしょうか、これまでは日本でも基礎研究へのリスペクトがあったわけですが、これからについては多くの研究者が憂慮しております。課題文の筆者、中屋敷さんも『科学と非科学』の第二部第十話のなかで懸念を表明しています。

このような社会背景のなかで、そもそも科学という営みがどのようなものであるのか、その本質を語っているのが今回の課題文です。また「わからない世界」があることの魅力に触れている点も、ついわかりやすさを過剰に求めてしまう現代への、筆者からの、および出題した東大からの問題提起と言えるでしょう。東大は「学びに対する旺盛な興味や関心」をもつことを学生に期待しているからです。

さて、筆者は「セル・オートマトン」の研究から提唱された「カオスの縁《ふち》」という概念を最大のキーワードとしながら、カオスと固定的な秩序の狭間といういわば特殊な中間項について熱く語っています。気体・蒸気と個体・氷の中間項としての液体・水の話にはじまり、生命という「カオスの縁」・中間項、さらに科学という営み自身がそのような中間項であると語ります。

早稲田大学政経学部でも、科学に代表される人間の「知」は全知全能の神の世界と無知蒙《もう》昧《まい》との中間項であり、つねに学ぶことがあるという主旨の文章が出題されたことがあります(なんと早大政経オリジナル文章です)。今回の課題文と共通する考え方です。

これらから思い出されるのは、フランスの哲学者ブレーズ・パスカルの「人間は偉大と悲惨、無限と虚無の中間者だ」という言葉です。有名な「人間は考える葦《あし》である」も同様の人間の中間性を表現しています。物理身体のレベルではかくもはかなく弱き人間は、一方で自分の頭で思考できるという偉大な能力をもっているということです。

ちなみにヨーロッパ中世の錬金術師がもっとも注目していた素材は「水銀」でした。金属であると同時に液体でもあるという中間性に大きな神秘を見出していたのです。水銀は英語で「マーキュリー」、ラテン語で「メルクリウス」で、ローマ神話の神です。ギリシャ神話ではヘルメスに相当するこの神は、旅人や商人の守護神であると同時にあの世とこの世の境界の神であり、冥界への道案内でもあります。錬金術師（アルケミスト）自体も神秘的魔術師と近代的化学者（ケミスト）の中間者でありましょう。今回は徹底して境目にこだわってみました。

二〇一九年度第一問

次の文章を読んで、後の設問に答えよ。

「カオスの縁《ふち》」という言葉をご存知だろうか？　この「カオスの縁」とは、一九六〇年代から行われているセル・オートマトンと呼ばれるコンピューター上のプログラムを使った研究が端緒となり提唱された概念である。とても大雑把に言えば、二つの大きく異なった状態（相）の中間には、その両側の相のいずれとも異なった、複雑性が非常に増大した特殊な状態が現れる、というようなことを指している。

身近なイメージで言えば、〝水〟を挙げられるだろうか。ご存知のように、水は気体・液体・固体という三つの形態をとる。たとえば気体の水蒸気は、水分子の熱運動が大きくなり、各分子が分子同士の結合力の束縛から放たれ、空間の中で自由気ままに振舞っている非常に動的な姿である。一方、氷は水分子同士が強固に結合し、各分子は自身が持つ特性に従って規則正しく配列され、理にかなった秩序正しい形を保っている静的な状態だ。

その中間にある液体の、いわゆる〝水〟は、生命の誕生に大きく貢献したと考えられる、柔軟でいろんな物質と相互作用する独特な性質を多数持っている。水蒸気とも氷ともかなり異なった特性である。この〝水〟の状態で水分子が存在できる温度範囲は、宇宙のスケールで考えるなら、かなり狭いレンジであり、実際〝水〟を湛《たた》えた星はそうそう見つからない。巨視的に見れば〝水〟は分子同士が強固に束縛された氷という状態から、無秩序でカオス的に振舞う水蒸気という状態への過渡期にある特殊な状態、すなわち「カオスの縁」にある姿と言えるのかもしれない。

この「カオスの縁」という現象が注目されたのは、それが生命現象とどこかつながりを感じさせるものだったからである。生き物の特徴の一つは、この世界に「形」を生み出すことだ。それは微視的には有機物のような化学物質であり、少し大きく見れば、細胞であり、その細胞からなる我々人間のような個体である。そして、さらに巨視的に見れば、その個体の働きの結果できてくるアリ塚であったり、ビーバーのダムであったり、東京のような巨大なメガロポリスであったりする。

しかし、こういった生物の営みは、ア自然界ではある意味、例外的なものである。何故なら、この世界は熱力学第二法則（エントロピー増大の法則）に支配されており、世界にある様々な分子たちは、より無秩序に、言葉を変えればカオスの方向へと、時間と共に向かっているはずだからである。そんなカオスへ向かいつつある世界の中で、「形あるもの」として長期間存在できるのは、一般的に言えば、それを構成する原子間の結合が極めて強いものであり、鉱物や氷といった化学的な反応性に乏しい単調な物質が主なものである。

ところが、生命はそんな無秩序へと変わりつつある世界から、自分に必要な分子を取り入れ、そこに秩序を与え「形あるもの」を生み出していく。その姿はまるで「カオスの縁」にたたずみ、形のないカオスから小石を拾い、積み上げていくかのようである。また、その積み上げられる分子の特徴は、鉱石などと違い、反応性に富んだ物質が主であり、〃不動〃のものとして作り出されるのではなく、偶発的な要素に反応し、次々に違う複雑なパターンとして、この世に生み出されてくる。そして、それらは生命が失われれば、また形のない世界へと飲み込まれ、そこへと還《かえ》っていくのだ。それは分子の、この世界における在り方という視点で考えれば、〃安定〃と〃無秩序〃の間に存在する、極めて特殊で複雑性に富んだ現象である。

また、生命の進化を考えてみよう。進化は、自己複製、つまり「自分と同じものを作る」という、生命の持続を可能とする静的な行為と、変異、つまり「自分と違うものを作る」という、秩序を破壊する、ある種、危険を伴った動的な行為の、二つのベクトルで成り立っている。現在の地球上に溢《あふ》れる、大きさも見た目も複雑さもその生態も、まったく違う様々な生命は、その静的・動的という正反対のベクトルが絶妙なバランスで作用する、その〃はざま〃から生まれ出てきたのだ。

生命は、原子の振動が激しすぎる太陽のような高温環境では生きていけないし、逆に原子がほとんど動かない絶対零度のような静謐《せいひつ》な結晶の世界でも生きていけない。この単純な事実を挙げるまでもなく、様々な意味で生命は、秩序に縛られた静的な世界と、形を持たない無秩序な世界の間に存在する、イ何か複雑で動的な現象である。「カオスの縁」、つまりそのはざまの空間こそが、生命が生きていける場所なのである。

「生きている」科学にも、少しこれと似た側面がある。科学は、混沌《こんとん》とした世界に、法則やそれを担う分子機構といった何かの実体、つまり「形」を与えていく人の営為と言える。たとえば、あなたが街を歩いている時、突然、太陽がなくなり、真っ暗になってしまったとする。一体、何が起こったのか、不安に思い、混乱するだろう。実際、古代における日食や月食は、そんな出来事だった。不吉な出来事の予兆とか、神の怒りとして、恐れられてきた歴史がある。

しかし、今日では日食も月食も物理法則により起こる現象であることが科学によって解明され、何百年先の発生場所、その日時さえ、きちんと予測することができる。それはある意味、人類が世界の秩序を理解し、変わることない〝不動〟の姿を、つかんだということだ。何が起こったのか訳が分からなかった世界に、確固とした「形」が与えられたのだ。

一方、たとえばガンの治療などは、現在まだ正答のない問題として残されている。外科的な手術、抗ガン剤、放射線治療。こういった標準治療に加えて、免疫療法、鍼灸《しんきゅう》、食事療法など代替医療と呼ばれる療法などもあるが、どんなガンでもこれをやれば、まず完治するというような療法は存在しない。そこには科学では解明できていない、形のはっきりしない闇のような領域がまだ大きく広がっている。しかし、この先、どんなガンにも効果があるような特効薬が開発されれば、ガンの治療にはそれを使えば良い、ということになるだろう。

　それは、かつて細菌の感染症に対して抗生物質が発見された時のように、世界に新しい「形」がまた一つ生まれたことを意味することになる。このように人類が科学により世界の秩序・仕組みのようなものを次々と明らかにしていけば、世界の姿は固定され、新たな「形」がどんどん生まれていく。それはウ人類にもたらされる大きな福音だ。

　しかし、また一方、こんなことも思うのだ。もし、そうやって世界の形がどんどん決まっていき、すべてのことが予測でき、何に対しても正しい判断ができるようになったとして、その世界は果たして、人間にとってどんな世界なのだろう？　生まれてすぐに遺伝子診断を行えば、その人がどんな能力やリスクを持っているのか、たちどころに分かり、幼少時からその適性に合わせた教育・訓練をし、持ち合わせた病気のリスクに合わせて、毎日の食事やエクササイズなども最適化されたものが提供される。結婚相手は、お互いに遺伝子型の組合せと、男女の相性情報の膨大なデータベースに基づいて自動的に幾人かの候補者が選ばれる。

　科学がその役目を終えた世界。病も事故も未知もない、そんな神様が作ったユートピアのような揺らぎのない世界に、むしろ「息苦しさ」を感じてしまうのは、私だけであろうか？

　少なくとも現時点では、この世界は結局のところ、「分からないこと」に覆われた世界である。目をつぶって何かに、それは科学であれ、宗教であれ、すがりつく以外、心の拠《よ》りどころさえない。しかし、物理的な存在としての生命が、「カオスの縁」に立ち、混沌から分子を取り入れ「形」を作り生きているように、知的な存在としての人間はこの「分からない」世界から、少しずつ「分かること」を増やし「形」を作っていくことで、また別の意味で「生きて」いる。その営みが、何か世界に〝新しい空間〟を生み出し、その営みそのものに人の〝喜び〟が隠されている。そんなことを思うのだ。

だから、世界に新しい「形」が与えられることが福音なら、実は「分からないこと」が世界に存在することも、また福音ではないだろうか。目をつぶってしがみつける何かがあることではなく。

「分からない」世界こそが、人が知的に生きていける場所であり、世界が確定的でないからこそ、人間の知性や「決断」に意味が生まれ、そして「アホな選択」も、また許される。エいろんな「形」、多様性が花開く世界となるのだ。それは神の摂理のような〝真実の世界〟と、混沌が支配する〝無明の世界〟とのはざまにある場所であり、また「科学」と、まだ科学が把握できていない「非科学」のはざま、と言い換えることができる空間でもある。

（中屋敷均「科学と非科学のはざまで」による）

設問と解答例

（設問一）「自然界ではある意味、例外的なものである」（傍線部ア）とはどういうことか、説明せよ。

自然界を言い換えます。「熱力学の第二法則（エントロピー増大の法則）の支配する世界」です。したがって、無秩序・カオスに向かう世界です。

このエントロピー増大の法則として私がイメージするのは「おーい」とか「おはよう」と発せられた声（空気の振動）が届くのは目の前の人だけで、遠くへ行くにしたがい、もうかすんで聞こえなくなる感じです。「おはよう」を形成していた空気の振動が散逸して、まわりの大空間にとけてなくなるイメージです。

もしそうでなかったら「おはよう」の空気振動が一定の形を保ったまま地球を一周して、その空気の塊が後ろから私の頭を直撃することになるでしょう。ほとんど『はじめ人間ギャートルズ』です。

では「例外的」と言われている主語は何か、何が例外的なのか。

「こういった生物の営み」です。その内容は、生物自体と生物が生み出すものです。どちらも「形」を生み出しています。あるいは「形あるもの」として存在し続けようとします。

例外的ではないものは、ガチッとした鉱物や氷です。ばらばらなカオスに向かう世界のなかにあって、反応性に乏しい鉱物でも氷でもない生命とそれが生み出したものが形を維持していることが例外的なのです。「例外的」も言い換えたいので「特殊」としましょう。本文中に何度もでてきますよ。

解答例　カオスへ向かう熱力学第二法則が支配する世界で、化学的反応の乏しい物質ではない生物と生物が生み出す「形」が長期間存在できることは特殊だということ。

POINT

得点になる箇所…七つのうち四つとれたら合格圏入り

第一ポイント……カオス（混沌／無秩序）に向かうという指摘
第二ポイント……熱力学の第二法則（エントロピー増大の法則）が支配する世界という指摘
第三ポイント……化学的反応が乏しいといえないという指摘
第四ポイント……生物（生物という形）という指摘（A）
第五ポイント……生物が生み出す形という指摘（B）

第六ポイント……AとBが長期間存在できる（ある程度存続する）という指摘
第七ポイント……それは特殊なことだという指摘

（設問二）「何か複雑で動的な現象」（傍線部イ）とはどういうことか、説明せよ。

まず、主語にあたるのは、「生命」です。前問の「生物」とほぼ同義語ですが、いくぶんか抽象化されています。その生命が、ただ「動的」なのではなく「複雑で動的」です。前の段落中にも「複雑」「動的」という言葉が何度か出てきます。それらをまとめるのですが、ずいぶんたくさんのことが書いてあり、答案に盛り込むべき要素もたくさんありすぎて、とても七十字前後では足りない気がしてしまいます。

そこで冷静になりましょう。

「複雑」といっても「混雑」「混乱」「混沌《こんとん》」ではありません。対比的・対照的要素がセットになって「複雑」さをつくっていることに気づいてください。

まず、生まれるときのダイナミズムと死ぬときのダイナミズムでワンセット、一対《つい》を形成しています。さらに追加があって、進化レベルでのダイナミズムが「二つのベクトル」をもつとあるように、もうワンセットあります。
こうして長くて複雑に見えるものを簡潔にまとめようとするとき、対比でセットにするとうまくいきます。会社経営の分析に貸借対照表は欠かせません。国家財政の健全さの分析も収支のバランスからです。対比の軸線に沿ってまとめてあれば、読む方にとってもわかりやすいです。
ちなみに、筆者が「カオスの縁」という表現で語った生命の動的なあり方について、生物学者の福岡伸一《ふくおかしんいち》さんは、ルドルフ・シェーンハイマーの業績にふれつつ、「動的平衡＝ダイナミック・イクイリブリウム」という表現で語っています。「変わらないために変わり続ける」という生命の逆説性を端的に言い表しています（書籍案内で挙げています）。

解答例　生命が、不動ではなく次々に違うパターンで生まれてくる一方、生命が失われれば形のない世界に還り、さらに進化では自己複製と変異という二つのベクトルをもつこと。

POINT

得点になる箇所…七つのうち四つとれたら合格圏入り
第一ポイント……生命がという主語
第二ポイント……生命が不動ではないという指摘

第三ポイント……生命が違うパターンで生まれてくるという指摘
第四ポイント……生命が失われれば（死ねば）形のない世界に還るという指摘
第五ポイント……進化という指摘
第六ポイント……進化では自己複製がなされるという指摘
第七ポイント……進化では変異もあるという指摘

〔設問三〕「人類にもたらされる大きな福音」（傍線部ウ）とはどういうことか、説明せよ。

「福音」とは、本来はキリスト教の神の教え（gospel＝ゴスペル。語源はgod＋spel＝神の言葉）です。転じて、広く喜ばしい知らせ（good news）という意味です。本文でも後者の意味で使っています。また〝喜び〟という表現自体、本文中にも出ています。

では主語、何が人類レベルの喜びといっているのでしょう。科学の成果です。といっても技術文明的物質的成果というよりも、科学による世界の解明という成果です。未知を既知に変えて不安や混乱を払拭すると言ってもいいでしょう。

解答例　科学が世界を解明し、混沌とした世界に法則を発見して世界の秩序を理解し、また形を与えることにより不安や混乱をなくしていく喜びのこと。

POINT

得点になる箇所…七つのうち四つとれたら合格圏入り

第一ポイント……科学がという主語
第二ポイント……科学が世界を解明という指摘
第三ポイント……科学が法則を発見という指摘
第四ポイント……混沌から秩序へという指摘
第五ポイント……科学が形を与えるという指摘
第六ポイント……不安や混乱をなくしていくという指摘
第七ポイント……そのような喜びという指摘

（設問四）「いろんな『形』、多様性が花開く世界」（傍線部エ）とはどういうことか。本文全体の趣旨を踏まえて一〇〇字以上一二〇字以内で説明せよ（句読点も一字として数える）。

シビれる問題です。「多様性が花開く世界」の反対は、「確定された世界」です。「すべてのことが予測され、正しい判断ができるようになった」、いわば「科学がその役割を終えた世界」です。

筆者はこれに「息苦しさ」を感じ、むしろ「分からないこと」があることに魅力を感じています。一方で単なる混沌や無秩序の世界でもありません。やはりはざまです。というのも科学を生んだ、「知的な存在としての人間」が「カオスの縁」に立つ生命であり、また科学という営みもまた未知と既知とのはざまにあることになり、たえず新しい「形」をつくり出し続けているからです。

あらためて生命・生物にとって、変化し続ける環境に適応して生存し続ける上で、「多様性」を生み続けることがその生存戦略だったんだなと考えさせられます。

ご存知の通り「適者生存」を〝優れた適者ゆえに生き残った〟と考えるのは誤解ですよね。むしろ生き残ったから事後的に適者と見なされているにすぎません。突然変異の個体があえなく子孫を残せず消えることもあれば、ある種の環境下で見事な適性となって子孫を残すこともありえます。なんてったって適応すべき環境（細菌やウイルスも含む）はランダムに変化しますから、あらかじめそれへの適性など用意できないのが道理です。ゆえに生命が取りうる生存戦略は多様性ということになります。

そうだとすれば遺伝子診断による命の選別は人類にとってリスクになりえます。というのも遺伝子の均質化への方向性をもちえますから、ヒューマン・レイスという種の存続にとっては実は危うさを含みます。

解答例　すべてのことが予測され科学がその役割を終えた、神の摂理のような〝真実の世界〟と混沌が支配する〝無明の世界〟のはざまにあって、また自身が秩序と無秩序のはざまにある生命としての人間が知的に生き、新しいものを生み出していける場所のこと。

POINT

得点になる箇所…一〇のうち五つ～六つとれたら合格圏入り

第一ポイント……すべてが予測された（確定された）という指摘
第二ポイント……科学がその役割を終えたという指摘
第三ポイント……神の摂理のようなという指摘
第四ポイント……真実の世界という指摘
第五ポイント……混沌という指摘
第六ポイント……無明の世界という指摘
第七ポイント……それらのはざまという指摘
第八ポイント……人間自身がはざま（カオスの縁）にあるという指摘

第九ポイント……人間が知的に生きられるという指摘
第一〇ポイント……人間が新しいものを生み出せるという指摘

筆者紹介：中屋敷均（なかやしき　ひとし）

一九六四年、福岡県生まれ。京都大学農学部農林生物学科卒、同大学院博士課程修了。農学博士。現在、神戸大学大学院農学研究科教授。細胞機能構造学が専門。著書に『**生命のからくり**』（講談社現代新書二〇一四年）、『**ウイルスは生きている**』（講談社現代新書二〇一六年）。

出典

もともとは講談社のPR誌『本』の「科学と非科学――その間にあるもの」（二〇一八年一月〜十二月号）と題する連載から出題されています。これを再構成し、加筆・修正して『**科学と非科学――その正体を探る――**』として講談社現代新書から二〇一九年二月に出版されています。その第七話「科学と非科学のはざまで」が東大の問題文に当たる箇所です。本書は全体を通じて平易でいて含蓄深い、良質な科学エッセイです。こうした出版社のPR誌は安価な上によい読み物が多く、入試にも実はよくでます（大学の先生たちも読んでいるというわけですね）。代表的なものに、岩波書店の『図書』、東大出版会の『UP』、世界思潮社の『世界思潮』などがあります。

大人の補講

今回取り上げた科学論の補講として、「科学的とはどういうことか」という問いを提出したいと思います。

科学をめぐっては、対象には何らかの法則性があるとの前提に立って科学研究というものがなされているという主旨の科学論が一九九六年の東大現代文（文理共通問題）で出題されています。

また東大後期での小論文の課題でも一九五一年に発表された中谷《なかや》宇吉郎《うきちろう》のエッセイを読み、「科学的方法について、あなたの考えを論じなさい」という出題があります（出題は「二十一世紀」）。

中谷宇吉郎（四高卒、東京帝大物理学科卒、北大教授）は物理学者で雪の結晶学の権威です。寺田寅彦《てらだとらひこ》の弟子筋としても有名です。近年再注目され、生物学者の福岡伸一《ふくおかしんいち》さんの編集による**『科学以前の心』**というタイトルでエッセイ集が出版されています（河出文庫二〇一三年）。中谷さんも研究対象の中に、法則性や再現性を発見することを科学的方法と考えています。多くのデータから一般法則を導く帰納法ですね。

「科学的方法」の「科学的」とは何かを考えてみましょう。

科学を科学たらしめている特徴を説明するなら、みなさんはどう表現しますか。「客観的」であることでしょうか。証拠の裏付けがあること、「実証的」であることでしょうか。

「実証的であることが科学的ということだ」と考える代表がウィーン学団です（ウィーン少年合唱団とは無関係です）。二十世紀初頭のウィーン大学を中心にした、実証主義＝positivism重視の学問サークルです。経験的に証明できない、目に見える形で実証できないような命題は科学的ではないとしました。

その上、無意味な命題であると断じました。例えば「自由落下する物体は等加速度運動をする」は実験で検証できるため、科学的な命題です。他方、「この世は神様がおつくりになったんじゃ」とか「神様は存在する」という命題は、実験的に証明も再現もできないから科学的でない上に無意味な言明だという見解です。

ところが、第1章の【歴史】にも登場したカール・ポパーは違う考え方をしました。経験的に確かめられないものを「無意味だ」とこき下ろすことはせず、ちゃんとそれなりに人間にとっては意味があると認めつつも、さらに科学的と非科学の境界を「実証的」かどうかとは違うところに引きます。

では「科学的」と「非科学的」の境界とは。

何もかも説明できてしまう万能の命題は「非科学的」としました。

意外ですね。何もかも説明できるものこそ科学的命題だろうとふつう、思ってしまいます。でも逆だとポパーは言います。「神様がこの世を創った」は、実証できない代わりに反対の証拠をつきつけることもできません。いや、物体の落下が等加速度運動をし、きれいに数式であらわされるのだから、神様の入り込む余地はないと考える人がいるかもしれません。

ところが、そのような数式であらわされる、そんな自然法則がなりたつような世界を神様が創ったのだということができます。どれほど実験を重ねても「神様がこの世を創った」を打ち消すことはできません。

こういう〝無敵〟の命題を「反証可能性がない」といいます。

一方、実験によって打ち消すことができる可能性＝反証可能性があることが科学的であることの条件だと、ポパーは考えたのです。

「物質はそれ以上分割できない原子から構成される」という命題はいくどもの観察や実証実験に耐えてきました。ところが原子は原子核や電子に分割できること、さらに原子核も分割できることが新しい実験と観察で分かりました。先の命題は反証可能性のある科学的な命題、仮説だったのです（ポパーの本『**推測と反駁**』法政大学出版会／『**果てしなき探求**』岩波現代文庫）。

つまり、科学の学説はつねに仮説であり、一〇〇回の実証実験に耐え、その仮説で語られたことは確かだ、と思っても新しい事実の発見により覆ることがありうる。反証可能性とは、そうした誤りの可能性をもつということであり、それはとりもなおさず、科学は常にアップデート、刷新されうる知的営みだということです。これは今回の中屋敷さんの見解とも通じるものがありますね。

読書案内

『動的平衡《どうてきへいこう》—生命はなぜそこに宿るのか—』（福岡伸一 木楽舎 二〇〇九年）

氏は一九五九年、東京生まれ。京大卒、ハーバード大研究員を経て、青学大理工学部教授、分子生物学者。テレビにも出演し、特徴的な眉毛とメガネでおなじみの福岡ハカセの代表作（写真を見せてこの人は誰という問題がパネルクイズ「アタック25」で出題されたことがある）。機械論的生命観を批判し、ダイナミックな流れと秩序としての生命のありかたが語られます。分子生物学の先端的な話を一般向けに語っていますが、分かりやすさのみならず、文章が美しい。

『生物と無生物のあいだ』（講談社現代新書 二〇〇七年）……本書で新書大賞、サントリー学芸賞受賞／**『世界は分けてもわからない』**（講談社現代新書 二〇〇九年）／**『できそこないの男たち』**（光文社新書 二〇〇八年）／**『もう牛を食べても安心か』**（文春新書 二〇〇四年）……「狂牛病」

とはなにか。強制共食いともいえる肉骨粉飼料の罪と自然からのリベンジがテーマ。第一回日本科学ジャーナリズム賞受賞／**『生命と記憶のパラドクス―福岡ハカセ、66の小さな発見―』**（文春文庫二〇一五年）／**『フェルメール　光の王国』**（木楽舎二〇一一年）……ANAの機内誌の連載をまとめたもの。科学と芸術を横断するエッセイ集。カラー写真多数で美しい本です。

『ご冗談でしょう、ファインマンさん』上・下
（岩波現代文庫二〇〇〇年 リチャード・ファインマン二〇〇〇年）

ユーモアあふれる、稀代の物理学者の自伝であり、良質の科学論入門書。MIT、プリンストン大大学院で学び、ロスアラモス研究所で原爆開発にも携わった。広島での原爆「成功」を無邪気に喜んだ点では、批判も浴びています。ただし、悪魔のような人間ではなくユーモアを解する魅力あふれる人間が、悪魔のような兵器開発に参加した事実自体に注目する必要があるでしょう。カリフォルニア工科大教授時代の一九六五年、ノーベル物理学賞受賞（日本の朝永振一郎さんも同時受賞）。続編**『困ります、ファインマンさん』『聞かせてよ、ファインマンさん』『ファインマンさんは超天才』『科学は不確かだ！』『ファインマンさん、最後の冒険』**

『西欧近代科学〈新版〉―その自然観の歴史と構造―』（村上《むらかみ》陽一郎《よういちろう》 新曜社二〇〇二年）

この村上陽一郎氏こそ日本において科学史科学哲学という学問分野を知らしめメジャーにした人。いまや本書は科学史の教科書といえる。『**あらためて学問のすすめ**』（河出書房新社二〇一一年）……村上氏は原子力安全委員会（公的機関）の安全部会の部会長を二〇〇二年から二〇一〇年まで勤めた。３・11と原発事故を痛恨の思いで受け止めている。そうした筆者からのあらためて学問のすすめ。

『**物理学と神**』（池内了《いけうちさとる》 講談社学術文庫 二〇一九年）

氏は一九四四年、京都生まれ。京大物理学科、同大学院博士課程修了。名大教授を経て、総合研究大学院大学教授。専門は宇宙論。本書は「神」という言葉を手がかりにした科学史・物理学史の入門書。「神はサイコロ遊びはしない」とはアインシュタインの有名なことば。他に『**疑似科学入門**』（岩波新書 二〇〇八年）科学と科学と似て非なるものの境界はいかに。ニセ科学に注意という内容。『**科学の考え方・学び方**』（岩波ジュニア新書 一九九六年。目次には「私が科学者になった理由」「研究の仕事とその魅力」「科学はどのように生まれたのか」「現代の科学と科学者を考える」「地球環境問題」「未来を担う君たちへ」など）があります。

『**捏造の科学者―STAP細胞事件―**』（須田桃子《すだももこ》 文春文庫 二〇一八年）

氏は、一九七五年、千葉県生まれ。早大大学院理工学研究科物理専攻修士課程修了後、毎日新聞社の科学環境部の記者。センセーショナルな「万能細胞」作製の発表から疑惑発生、捏造認定と論文取り消しにいたる経緯はもちろんのこと、科学ジャーナリズムの仕事がどういうものか、つぶさにわかる一冊。

『研究不正―科学者の捏造、改竄、盗用―』（黒《くろ》木《き》登《と》志《し》夫《お》 中公新書二〇一六年）

氏は一九三六年、東京都生まれ。東北大医学部卒、専門はがん細胞研究。東大教授、岐阜大学長など歴任。不正事件を反面教師とする科学者倫理の本。高度な専門領域についてもわかりやすく記述している。各所にユーモアもある。同じ筆者の本に、**『知的文章とプレゼンテーション―日本語の場合、英語の場合―』**（中公新書二〇一一年）があります。

アフォリズム・箴言

「自然は数学のことばで書かれている」　ガリレオ・ガリレイのことば。

「私がほかの人より遠くを見ることが可能だったのは、私が巨人の肩に立ったからである」

アイザック・ニュートンのことば。「巨人の肩に立つ」は十二世紀フランスの哲学者シャルトル＝ベルナールのことば。

「観察の領域において、偶然（セレンディピティ）は構えのある心にしか恵まれない」

十九世紀フランスの微生物学者、ルイ・パスツールのことば。セレンディピティ（serendipity）は、イギリスの小説家ホレス・ウォルポールの造語で、偶然にも貴重な発見をする天性の能力や偶然を見逃さない感性を意味します。さらにその起源は『セレンディップの三王子』というペルシアの物語から由来するそうです。セレンディップはセイロン、スリランカの古い名称です。

「子供の好奇心を、つまらない好奇心から意味のある好奇心に導いていくということ、私は、これが科学教育のひとつの基本的な考え方ではないかと思うのです」

アインシュタインのことば。

「定理が正しいものである限り、いかなる独裁者といえども、政治権力でそれを否定することはできない」

二十世紀の数学者、ベイユのことば。

第4章

芸術

なぜか芸術について語ることは、私たちにはどこか恥ずかしく照れくさい。昨日のプロ野球の結果について語り、プレーの質について蘊蓄《うんちく》を傾けるのに衒《てら》いがないのに。スノビズム(上品ぶる、知ったかぶる）の烙印を押されてしまうからでしょうか。もう一つ芸術を語る仕方を知らないだけかもしれません。実は入試現代文（東大も）には芸術論が多い。これを糸口にして芸術論に接近してみませんか。

プレ講義⑥

「常識の問い直し」がもたらす知的な楽しさ

最近、「美術史」的な教養の重要さを説く本が人気ですね。

私も幻想的な石版画で知られるオディロン・ルドン（『奇怪な気球のように眼球は無限をめざす』『仮面が弔いの鐘を鳴らす』『笑う蜘蛛《くも》』など作品名から魅惑的。**『オディロン・ルドン【自作を語る画文集】夢のなかで』**（八坂書房 二〇〇八年））が好きなので、ヨーロッパ美術史には興味があります。

まず、作品の社会背景や作家の生い立ちや印象派とかキュービズムなど「派」や「イズム」の勃興の経緯や技法の盛衰などの知識を増やすことは楽しいですね。また、図像に込められた、お約束のような共通の意味（骸骨が示唆するメメントモリなど）を対象とするイコノグラフの知識があれば、美術作品を見る時の楽しさを広げてくれます。

しかしそれら以外にも、別の「知る」楽しさがあるのではないでしょうか。それは常識を問い直す知的刺激の楽しさです。

東大入試自体、「世界史」でも「日本史」でも空欄補充型の知識を問うたりしません。「現代文」でも漢字を除けば、知識モノを直接には問いません。むしろ知的意外性に満ちた文章の正しい理解とその意外性の理解度を「説明しなさい」というスタイルの記述問題で問うてきます。

今回の課題文による常識の問い直しは、まず冒頭の「創作がきわだって個性的な作者、天才のいとなみであること、したがってそのいとなみの結実である作品も、かけがえのない存在、唯一・無二の存在であること、このことは近代において確立し、現代にまでうけつがれている通念といっていい」です。

芸術的創作といえば「個性」や「オリジナリティ」と結びつけて考えるのが私たちの常識ですが、それは近代以降の考えにすぎないという問い直しです。

では、これと関係深い考察を紹介し、プレ講義とします。

経済学・社会哲学の研究者である今村仁司《いまむらひとし》さんの『**近代の労働観**』（岩波新書　一九九八年）によれば、古代ギリシアにおいて、手仕事には価値の序列があったそうです。自由人の生活の必要を満たすために奴隷がする手仕事が最下層に位置付けられ、その対極にポイエーシス（芸術家の制作）がありました。すなわち、自由人が自由な時間、余暇において自律的に制作する行為を最上位に置いていました。この中間にあるのが、テクネー（職人的制作）でした。ただし、オリジナルとか個性とかは価値基準にはないことが重要です。

また美術史家の青山昌文《あおやままさふみ》さんによれば（『**美学・芸術学研究**』放送大学教育振興会二〇一三年）、近代の入り口と考えられることもあるルネッサンス期においてさえ、しかもラファエロやダ・ヴィンチやミケランジェロが活躍し、「天才的な芸術家」の時代と見なされがちなこの時代でさえ、「画家」「彫刻家」という表現はあっても総称的な「芸術家」という表現はほとんど使われておらず、工房を出入りする職人たちと差異はなかったそうです。したがって、作品の「オリジナリティ」や作家の「個性」なども目指すところではなかったようです。

二〇〇七年度第一問

次の文章を読んで、後の設問に答えよ。

創作がきわだって個性的な作者、天才のいとなみであること、したがってそのいとなみの結実である作品も、かけがえのない存在、唯一・無二の存在であること、このことは近代において確立し、現代にまでうけつがれている通念といっていい。一方、このいとなみと作品のすべてが、芸術という独自の、自律的な文化領域に包摂されていることも、同じように近代から現代にかけての常識だろう。かけがえのない個性的ないとなみと作品、それらすべてをつつみこむ自律的な——固有の法則によって完全に統御された——領域。しかしよく考えてみれば、このふたつのあいだには、単純な連続的関係は成立しがたい、というより、むしろ対立する、あるいはあい矛盾する関係のみがある、というべきだろう。したがって近代的な芸術理解にとっては、このふたつの対立し矛盾する——個と全体という——項を媒介し、連続的な関係にもたらすものとして、さまざまなレヴェルの集合体（l'ensemble）を想定することが、不可欠の操作であった。ア芸術のジャンルが、近代の美学あるいは芸術哲学のもっとも主要な問題のひとつであったのも、むしろ当然だろう。個別的ないとなみや作品と全体的な領域のあいだに、多様なレヴェルの集合（ジャンル）を介在させ、しかもそれぞれのジャンルのあいだに、一定の法則的な関係を設定することによって、芸術は、ひとつのシステム（体系）としてとらえられることになるだろう。近代の美学において、「芸術の体系」がさまざまな観点から論じられたのも、これまた当然であった。

ジャンルは、個々の作品からなる集合であると同時に、個々の作品をそのなかに包摂し、規定する全体としての性質をももつ。個々の作品は、あるジャンルに明確に所属することによって、はじめて芸術という自律的な領域のなかに位置づけられるが、この領域の自律性こそが、芸術に特有の価値（文化価値）の根拠でもあるのだから、ジャンルへの所属は、作品の価値のひとつの根拠ともなるだろう。ある作品のジャンルへの所属が曖昧《あいまい》であること、あるいはあるジャンルに所属しながら、そのジャンルからの規定にそぐわないこと――ジャンルの特質を十分に具体化しえていないこと――、それは、ともに作品の価値をおとしめるものとして、きびしくいましめられていた。

近代から区別された現代という時代の特徴としてしばしばあげられるものに、あらゆる基準枠ないし価値基準の、ゆらぎないし消滅がある。芸術も、その例外ではない。かつては、芸術の本質的な特徴として、その領域の自律性と完結性があげられ、とくに日常的な世界との距離ないし差異が強調されることがおおかった。しかし現在、たとえば機械的な媒体をとおして大量に流布するイメージなどのために、その距離や差異は解消の傾向にあるといわれる――芸術の日常化、あるいは日常の芸術化という現象――。芸術の全体領域そのものが曖昧になっているとすれば、その内部に想定されるジャンルのあいだの差異も、解消しつつあるのだろうか。たしかに、いまの芸術状況をみれば、かつてのような厳密なジャンル区分が意味を失っていることは、いちいち例をあげるまでもなくあきらかである。理論の面でも、芸術ジャンル論や芸術体系論が以前ほど試みられないのも、むしろ当然かもしれない。しかしすべての、あらゆるレヴェルのジャンルが、その意味（意義）を失ったのではないだろう。無数の作品が、おたがいにまったく無関係に並存しているのではなく、なんらかの集合をかたちづくりながら、いまなお共存しているのではないだろうか。コンサート・ホールでの演奏を中止し、ラジオやテレヴィジョンあるいはレコードという媒体を介在させて、自分と聴衆の直接的な関係を否定したとしても——聴衆にたいして、自分を「不在」に転じたとしても——、グレン・グールド（Glenn Gould, 1932-82）を、ひとはすぐれたピアニスト（音楽家）とよぶのだし、デュシャン（Marcel Duchamps, 1887-1968）の「オブジェ」のおおくは、いま美術館に保存され、陳列されている。変わったのは、おそらく集合の在り方であり、集合相互の関係とそれを支配する法則である。たとえば、プラトンに端を発し、ヘーゲルなどドイツ観念論美学でその頂点に達した感のある芸術の分類、超越的ないし絶対的な原理にもとづいて、いわば「うえから」（von oben）芸術を分類し、ジャンルのあいだに一定の序列をもうけるという考え方は、すくなくとも現在のアクチュアルな芸術現象に関しては、その意義をほぼ失ったといっていいだろう。たしかに、「分類」は近代という時代を特徴づけるものだったかもしれないが、理論的ないとなみが、個別的、具体的な現象に埋没せずに、ある普遍的な法則をもとめようとするかぎり、「分類」は——むしろ、「区分」といったほうがいいかもしれないが——欠かすことのできない作業（操作）のはずである。

　解説書風のきまり文句を使っていえば、グールドもデュシャンも、ともに「近代の枠組をこえようとする尖鋭《せんえい》ないとなみ」という点で、同類——同じ類（集合）に区分される——ということになるが、にもかかわらず、グールドが音楽家であり、デュシャンが美術家であることを疑うひとはいないだろう。演奏するグールドの姿をヴィデオ・ディスクで見ることはできるが——そしてこのことは、グールドの理解にとっては、その根本にかかわることなのだが——、それとともに、録音・再生された彼の「音」を聞かなければ、彼特有のいとなみにふれたことにはならないだろう。モニターの画面を消して、音だけに聞きいるとき、いくぶんかグールドの意図からははなれるにしても、そのいとなみにふれていることはたしかである。「聞く」という行為、あるいは「聴覚的」な性質を、彼のいとなみとその結果（作品）の根本と見なすからこそ、ためらわず彼を音楽家に分類するのだろう。同じように、「見る」という行為と「視覚的」な性質が、デュシャンを美術家に分類させるのだろう。社会の構造がどのように変化し、思想的な枠組がいかに変動したとしても、「感性」にもとづき、「感性」に満足を与えることを第一の目的とするいとなみが——それを芸術と名づけるかどうかにはかかわりなく——ひとつの文化領域をかたちづくることは否定できないだろうし、その領域が、エ「感性」の基礎となる「感覚」の領域にしたがって区分されるのも、ごく自然なことであるにちがいない。ところで、同じ「色彩」という視覚的性質であっても、もちいる画材——油絵具、泥絵具、水彩絵具など——によって、かなりの——はっきりと識別できる——ちがいが生じるだろう。「色彩」という感覚的性質によって区分される領域——絵画——の内部に、使用する画材による領域——油絵、水彩画など——をさらに区分することには、十分な根拠がある。「感覚的性質」と、それを支える物質――「材料」(la matière, the material)――を基準とする芸術の分類は、芸術のもっとも基本的な性質にもとづいた、その意味で、時と場所の制約をこえた、普遍的なものといえるだろう。もちろん、人間の感覚は、時と場所にしたがって、あきらかに変化を示すものだし、技術の展開にともなって新しい「材料」が出現することもあるのだから、この分類を固定されたものと考えてはならないだろう。もっとも普遍的であるとともに、歴史のなかで微妙な変動をみせるこのジャンル区分は、芸術の理論的研究と歴史的研究のいずれにとっても重要な意義をもつのかもしれない。あるいは、従来ともすれば乖離《かいり》しがちであった理論と歴史的研究を、新たな融和にもたらす手がかりを、ここに求めることすら可能なのかもしれない。個別的な作家や作品は、実証的な歴史的研究の対象となるだろうし、本質的ないし普遍的な性質は、いうまでもなく理論的探究の対象だが、個別と普遍を媒介する――個別からなり、個別を包摂する――集合としてのジャンルの把握には、厳密な理論的態度とともに、微妙な変化を識別する鋭敏な歴史的なまなざしが要請されるにちがいない。いずれにしても、近代的なジャンル区分に固執して、アクチュアルな現象を排除することが誤りであるように、分類の近代性ゆえに、ジャンル研究の現在における意義を否定しさることもまちがいだろう。

（浅沼圭司『読書について』）

設問と解答例

（設問一）「芸術のジャンルが、近代の美学あるいは芸術哲学のもっとも主要な問題のひとつであったのも、むしろ当然だろう」（傍線部ア）とあるが、なぜそのようにいえるのか、説明せよ。

芸術に関する近代の常識の第一は、創作にたずさわる作者は個性的であり、またその作品も唯一無二の個性をもつことです。

第二はそれらが芸術という領域、枠組みに入っていることです。

筆者が言うように実はこれは矛盾をはらんでいます。独創的であればあるほど、従来の芸術の枠組みを超え、出ていくはずです。二つとない作品Aとこれまた二つとない作品Bを一つのカテゴリー、ジャンルにくくるというのは矛盾です。しかもこの矛盾を放置せず、なんとか連続的につなぐためにさまざまなレヴェルの集合体、ジャンルが必要になったわけです。

本文では集合体の言い換えとして「l'ensemble」とあります。アンサンブルです。音楽で言えば、フルート、バイオリン、クラリネットなどそれぞれ個性をもった楽器奏者が集まって管弦楽を演奏する。一見ばらばらなものを〝管弦楽〟としてジャンルにまとめることができます。美術なら、奇抜な鉄の造形物Aも別の奇抜なアルミニウムのオブジェBもこれまた斬新な銅製の鍛金像Ｃも〝金属工芸〟という集合体、ジャンルとしてまとめられます。

ゆえに芸術を対象とする美学や芸術哲学ではジャンルというものが主題化され、話題・問題となるわけです。

ちなみに美学は英語で「エステティックス aesthetics」です。美顔痩身《そうしん》のサロンのことではなくアリストテレス以来の学問です。ギリシア語では感性の学問という意味です。ちなみに倫理学（＝エシックス ethics）は習慣の学問です。

解答例　近代では芸術作品は個性的な作者による唯一無二の個性をもつとされる一方、芸術という自律的な文化領域に包摂されるという矛盾を媒介する必要があったから。

POINT

得点になる箇所…七つのうち四つとれたら合格圏入り

第一ポイント……近代という指摘
第二ポイント……芸術作品は個性的という指摘（Ａ）
第三ポイント……作者は個性的という指摘
第四ポイント……作品が芸術に包摂されるという指摘（Ｂ）
第五ポイント……（芸術の言い換え説明として）自律的な文化領域という指摘

第六ポイント……AとBは矛盾するという指摘
第七ポイント……矛盾を媒介する必要があったという指摘

（設問二）「かつては、芸術の本質的な特徴として、その領域の自律性と完結性があげられ」（傍線部イ）とあるが、どういうことか、説明せよ。

「かつて⟷いま」、「近代⟷現代」という対比が出てきました。近代では、設問（一）で見たような矛盾をはらみながらも、ともあれ芸術ジャンルごとの境界ははっきりしており、どこかのジャンルに属することがその作品や作者の存在価値でもあった。油絵作品でありながら水彩画作品などというものはないということです。

また個々の作品を「油絵」とか「水彩画」とか「グラフィックデザイン」とジャンルにくくりつつ、「平面作品」というジャンルでくくることもできます。それにより「立体作品」というジャンルと区別する法則性があることがわかります。また、視覚芸術＝美術としてくくる法則性もあります。こうして「芸術の体系（システム）」が認められることになります。これらが傍線部の「領域の自律性、完結性」の説明の前半部分です。

そもそも「体系＝システム」とはそれぞれ固有のものが一つの統一下にあるもののことです。「システムキッチン」はガス台、調理台、シンクというそれぞれ機能の違うものが高さにおいて統一されているキッチンです。「太陽系＝ソーラー・システム」もそうです。水星、金星、地球、火星……それぞれ個性的な惑星が太陽を中心に同心円的な軌道を維持し、けっして他の恒星系と混じり合ったりしません。

さらに日常生活とも芸術ははっきり区別されていた。芸術は非日常だったわけです。生活に便利な日用品を作っているわけではなく、役立たないけれど価値ある一点ものだったわけです。かの岡本太郎さんも「芸術はエネルギーの無目的的な爆発だ」と語っています（『**美の呪力**』みすず書房　一九九九年）。何かの実用的な目的に奉仕するものではなく、激しい一回かぎりの表現ということでしょう。

もうひとつ、日常や政治の価値づけとは異なるそれ自体の自律的文化領域を形成していたということは重要な意味をもちます。国家や政府から文化勲章をもらわなくても、しかも序列付けされなくても、芸術にはそれ自体の価値があるということですから。本来、これは文学やスポーツについても言えることでしょう。メジャーでも長く活躍したイチローは、おそらくこのことに自覚的だと推測されます。

ところがこれが現代になると各芸術ジャンルの境界も曖昧化します。日常との境界も曖昧化します。

近代に設立された東京美術学校、今の東京藝術大学における学科の分類は、先のジャンル別に対応しています。絵画科（日本画・油画）・デザイン科・工芸科・彫刻科などです。私は美大受験予備校で国語の指導をしていたことがあるので、芸大出身の知人・友人ができましたが、今やなんと油絵科の学生のうち卒業制作のころには、油絵作品を描くのはごく少数だというのです。ジャンルを越境してしまうということでしょうか。

また本文にもあるように、現代では「複製芸術」が一般化します。ポスターや商品のパッケージデザインや工業デザインなどです。唯一無二の一点ものではなく最初から大量生産される「芸術作品」で日常の中にあります。一点ものにあったオーラが消失するとの指摘をしたのはドイツの哲学者ヴァルター・ベンヤミンでした（**『複製技術時代の芸術』**晶文社　一九九九年）。

さて、周辺的説明が先行してしまいましたが、問（二）は、現代の「曖昧化」以前の「かつて」の説明です。

ちゃんと前フリ部分にも傍線を引いて理解と説明を求めるのは東大現代文のほぼ一貫した姿勢です。いきなり筆者のメインメッセージを引っこ抜くのではなく、対比の理解こそ本文の正しい理解だという東大側からのメッセージが聞こえてくるようです。

解答例　近代では個別の作品を包摂する各ジャンルに一定の法則的な関係を設定することで芸術は一つの体系をもち、さらに日常との差異が強調されたということ。

POINT

得点になる箇所…五つのうち三つとれたら合格圏入り

第一ポイント……近代という指摘
第二ポイント……ジャンルが個別の作品を包摂するという指摘
第三ポイント……ジャンルには法則的な関係が設定されているという指摘（A）
第四ポイント……Aによって芸術は一つの体系をもつという指摘
第五ポイント……芸術と日常には差異があるいう指摘

（設問三）「欠かすことのできない作業（操作）のはずである」（傍線部ウ）とあるが、それはなぜか、説明せよ。

さて、「近代から区別された現代という時代の特徴」は、芸術と日常との曖昧化と芸術各ジャンルの曖昧化です。

しかし、筆者は芸術の分類や区分がすべて無意味になったとは考えていません。むしろ「欠かすことのできない作業」としています。

こういう文章の流れ、論旨のいわば〝分岐点〟になるようなところに傍線が引かれるわけです。すでに何度も書いているように対比の理解こそが文章の理解になるからです。

あらためて筆者はある種の分類が、現代では意義を失ったことを認めつつも「理論的ないとなみが、個別的、具体的な現象に埋没せずに、ある普遍的な法則をもとめようとするかぎり」、「分類」あるいは「区分」は不可欠としています。美学や芸術学も理論的学問ですからね、アンディ・ウォーホルの一作品だけ論じても作品評（レビュー）としてはＯＫでも学問にはならないわけです。シルクスクリーンを使った美術作品として分類して論じるはずです。

解答例　絶対的な原理による芸術の分類や一定の序列づけは現代では意義を失ったが、芸術が理論的ないとなみとして普遍的法則を求める以上、分類は必要だから。

POINT

得点になる箇所…九つのうち五つとれたら合格圏入り

第一ポイント……現代という指摘

第二ポイント……絶対的な原理による芸術の分類という指摘（A）

第三ポイント……芸術への一定の序列づけ（Ｂ）
第四ポイント……ＡやＢは意義を失ったという指摘
第五ポイント……「だが」「けれども」「一方で」という逆接の指摘
第六ポイント……理論的ないとなみという指摘（Ｃ）
第七ポイント……普遍的法則（普遍性／法則性どちらかでも可）を求めるという指摘（Ｄ）
第八ポイント……ＣやＤの「ゆえに」などの理由の指摘
第九ポイント……分類（ジャンル／区分）は必要という指摘

（設問四）「『感性』の基礎となる『感覚』の領域にしたがって区分される」（傍線部エ）とあるが、どういうことか、説明せよ。

問（三）に引き続き、現代でも芸術には分類や区分が必要だという話です。現代でもというよりは、芸術という文化領域の必然性にかかわると言った方がよいでしょう。

エステティックスは語源的に感性の学問と先に書きましたが、筆者自身も「『感性』にもとづき、『感性』に満足を与えることを第一の目的とするいとなみ」としています。

解答例　芸術は感性にもとづき、感性を満足させることを第一の目的とし、また「聞く」「見る」といった感覚によって音楽や美術として分類されるということ。

POINT

得点になる箇所…六つのうち三つ〜四つとれたら合格圏入り

第一ポイント……芸術は感性にもとづくという指摘
第二ポイント……芸術は感性を満足させることを第一の目的とするという指摘
第三ポイント……聞くという感覚という指摘（A）
第四ポイント……見るという感覚という指摘（B）
第五ポイント……Aにより音楽という分類があるという指摘
第六ポイント……Bにより美術という分類があるという指摘

（設問五）「厳密な理論的態度とともに、微妙な変化を識別する鋭敏な歴史的なまなざしが要請される」（傍線部オ）とあるが、どういうことか、全体の論旨に即して一〇〇字以上一二〇字以内で述べよ（句読点も一字として数える。なお、採点においては、表記についても考慮する）。

ここでも対比的なもの、ただし普通なら乖離してしまいそうな二つの軸の両方が「要請される」とあります。二つの軸とは「個別と普遍」です。

【歴史論】の「大人の補講」にて、堀尾輝久さんの「個別を超えた普遍」ではなく「個別を貫く普遍」という考え方を紹介しましたが、通じるものがありますね。多くの読書経験をもつ方は、ある本に書かれていたことと、まったく違う筆者の本に書かれていたこととの関連に突然気付くという経験もお持ちでしょう。こういう予期せぬ邂逅《かいこう》とも言うべき発見も読書の楽しみです。

さて、本文における「個別と普遍」とは、個別の実証的研究と理論的探求です。一方の個別の作家や作品は「感覚的性質」と「材料」において歴史の中で変化します。他方、普遍は「厳密な理論的態度」が対象とする、芸術の本質的性質のことです。問（三）でも見たように理論的学問ですから法則性をつかもうとするわけです。

では、これら二つの軸は何のために「要請される」のでしょうか。ジャンル区分のためです。問（一）で問われていた前半の話とあらためてつながってきました。前半においては近代の特徴と見なされてきたジャンルの区分・分類が、近代に限らず現代でも必要なものとされているのです。もちろん、その分類は固定されない。時と場所によって変化する。それでも時と場所の制約をこえた普遍的分類はなおもある。ゆえに二つの軸が重要。

なんだか、たくさんの要素を解答に盛り込まないといけない感じですが、「芸術のジャンル区分には～と…が重要だということ。」というフォーマットを設定してみましょう。それから完璧な答案でなくても五割から六割できたらよいということを思い出して、過剰な力を抜いて挑んでください。

解答例　個別からなり、個別を包摂する芸術のジャンル区分には、時と場所をこえた芸術の本質的・普遍的性質を対象とすることと、時と場所で変化する感覚的性質や材料を対象とし、個別の作品について実証的に研究することが現代でも重要ということ。

POINT

得点になる箇所…九つのうち五つとれたら合格圏入り

第一ポイント……個別からなり、個別を包摂する芸術のジャンル（分類／区分）という指摘

第二ポイント……時と場所をこえた（普遍的）芸術という指摘（Ａ）

第三ポイント……Ａのような芸術の本質（普遍的性質）を研究対象とするという指摘（Ｂ）

第四ポイント……時と場所で（歴史的に）変化という指摘

第五ポイント……変化する感覚的性質という指摘（Ｃ）

第六ポイント……変化する材料という指摘（Ｄ）

第七ポイント……ＣやＤを実証的に研究するという指摘（Ｅ）

第八ポイント……ＢとＥの両方が重要（必要／意義深い）という指摘

第九ポイント……現代でも必要という指摘

筆者紹介：浅沼圭司（あさぬま　けいじ）

一九三〇年、盛岡市生まれ。東大文学部卒、同大学院修士課程修了。成城大文芸学部教授を経て、倉敷芸術科学大学教授。専攻は美学・映画理論。著書に『**イメージ**』（晃洋《こうよう》書房二〇一七年・共著）、『**物語るイメージ：絵画、絵巻あるいは漫画そして写真、映画など**』（水声社二〇一三年）、『**映画学**』（紀伊國屋新書　一九六五年）、『**映画美学入門**』（美術出版社　一九六三年）など。

出典

『**読書について**』（水声社 一九九六年）序章「ことば、文字、印刷」の冒頭箇所。本書は、第1章「孝標女の読書」、第2章「ドン・キホーテの読書」、第3章「ロカンタンの読書」、第4章「R.B.（レイ・ブラッドベリ）の読書あるいは『華氏四五一度』の読書」からなる評論集です。ジャン＝ポール・サルトル、ロラン・バルト、ヴァルター・ベンヤミンの芸術論にも触れられます。

大人の補講

本文にもあった芸術の「自律性」や「完結性」を脅かすものに政治による介入があります。これについて、東大後期日程の小論文が興味深い問いを出しています。

ドイツの肖像画家として知られるオットー・ディックスは、戦争の残酷さの記憶を風化させないよう《塹壕》《戦争》《戦争祭壇画》などの作品を第一次大戦後に描き上げます。

後にヒトラー政権は、「国防の決意を損なう」とか「戦死したドイツ兵士を貶《おとし》める」とか「兵役忌避のプロパガンダに貢献するガラクタ」などとして「退廃芸術展」にてこれらをつるし上げます。ディックス以外にも「無条件に国家を支持していない」とか「ゲルマン的でない」と烙印を押された絵画と彫刻、約五千点、版画と素描については一万二千点が押収されました。

こうした文章を読んで（徐《ソ》京植《キョンシク》**『汝の目を信じよ！――統一ドイツ美術紀行』**みすず書房二〇一〇年）、「芸術作品への政治介入や利用の目的をまず説明した上で、芸術作品への政治的介入や利用の持つ問題を、具体例を挙げて論じなさい」という問いが出題されています。

官僚や政治家として政策決定にかかわる人材、あるいは文芸作品を生んだり批評したりする人材を輩出する東大が、受験生にこうした問いを投げかけてくるというのは興味深いですね。本書で何度も指摘しているように、自ら（将来の自己も含め）を問い直す知性の眼をもつことを東大は求めているのではないでしょうか。

さて、いかにもというファシズム下での政治介入だけでなく、現代の「民主的」な政治体制下でも政治の影響力は暮らしの隅々にまで浸透しています。

加藤節《かとうたかし》さんによれば「現代人は、非政治的な存在領域が文字通り『どこにもない所』という意味におけるユートピアでしかありえないような『政治化』の時代を生きている」（**『政治と人間』**（岩波書店　一九九三年）ということになります。具体的には「栄典制度によって芸術家の序列化を行い、スポーツを『国威』発揚の道具として使う動向」です。

また文芸作品への介入としては、チャタレイ裁判（D・H・ロレンス『**チャタレイ夫人の恋人**』の伊藤整《いとうせい》による翻訳が〝猥褻《わいせつ》〟とされた裁判。一九六二年、有罪が確定）やサド裁判（マルキ・ド・サド『**悪徳の栄え**』の澁澤龍彦《しぶさわたつひこ》による翻訳が〝猥褻〟とされた裁判。一九六九年、最高裁にて八対五で有罪）があります。

読書案内

『**絵で見るフランス革命―イメージの政治学―**』（多木浩二《たきこうじ》 岩波新書 一九八九年）

氏は東大美学美術史専攻卒、元千葉大教授、写真誌「デジャ=ヴュ」の編集者。カリカチャー、漫画、落書き、ビラを素材にして、革命時の民衆の精神史を描き出す試みです。図像による社会学・歴史学です。

他に、『**天皇の肖像**』（岩波現代文庫 二〇〇二年）、『**ヌード写真**』（岩波新書 一九九二年）、『**肖像写真―時代のまなざし―**』（岩波新書 二〇〇七年）があります。

『**20世紀イメージ考古学―イメージ遊覧飛行事典―**』（伊藤俊治《いとうとしはる》 朝日新聞社 一九九二年）

氏は東大大学院西洋美術史専攻修了、多摩美術大教授を経て、東京芸大先端芸術表現科教授。

毎ページにカラーの写真と図版があり、文字通り二十世紀の図像・カタチの歴史を通覧できる、眺めるだけでも楽しく美しい本。

関連本↓『**先端芸術宣言！**』（岩波書店　二〇〇三年）……東京芸大先端芸術表現科のスタッフの仕事ぶりを紹介した本。

『**都市のイコノロジー――人間の空間**』（若桑《わかくわ》みどり　青土社）

氏は東京芸大芸術学科卒、千葉大教授、放送大講師。イコノロジーとは図像学の意味で、およそ形あるものすべてが考察の対象です。およそ三〇項目から成り、どこからでも読めます。日本の都市を音痴ならぬ「色痴」の街と呼んでいます。図版多数。

『**音楽の聴き方――聞く型と趣味を語る言葉――**』（岡田《おかだ》暁生《あけお》　中公新書　二〇〇九年　吉田秀和賞受賞）

氏は大阪大大学院修了の文学博士。現在、京大准教授。

他に、『**西洋音楽史――クラシックの黄昏――**』（中公新書　二〇〇五年）、『**オペラの運命**』（中公新書　サントリー学芸賞）があります。

『**猫とロボットとモーツァルト――哲学論集**』（土屋《つちや》賢二《けんじ》　勁草書房　一九九八年）

氏は東大哲学科卒、お茶の水女子大文教育学部学部長。「日本で唯一笑いの取れる哲学者」としてユーモアエッセイを多数発表しています。かの週刊文春に連載をもっています。本書は、センター試験（追試）にも出題された音楽芸術論で笑いは控えめ。

なお『東京ラブストーリー』で有名な漫画家、柴門ふみさん（夫は「島耕作」シリーズの弘《ひろ》兼憲《かねけん》史《し》氏）は教え子の一人だそうです。

『映画の構造分析――ハリウッド映画で学べる現代思想――』（内《うち》田《だ》樹《たつる》晶文社二〇〇三年）

現代日本を代表する哲学者による映画論です。映画はそれ自体が楽しいだけでなく、思索や分析の対象としても楽しいものなのだ、ということを教えてくれます。

他に、**『うほほいシネクラブ――街場の映画論――』**（文春新書二〇一一年）があります。

『これは映画だ！』（藤原《ふじわら》帰一《きいち》朝日新聞出版二〇一二年）

ニュース週刊誌『アエラ』の連載をまとめたもの。現代日本を代表する気鋭の国際政治学者（東大大学院教授）による映画論。面白い！

他に、**『映画のなかのアメリカ』**（二〇〇六年）があります。

『〈映画の見方〉がわかる本』（町山智浩《まちやまともひろ》　洋泉社　二〇〇二年）

映画批評を仕事とするプロフェッショナル。楽しく含蓄深い映画評ならこの人がナンバーワンです。

『トラウマ映画館』（集英社文庫　二〇一三年）、**『トラウマ恋愛映画入門』**（集英社文庫　二〇一六年）、**『最も危険なアメリカ映画――「國民の創生」から「バック・トゥ・ザ・フューチャー」まで』**（集英社インターナショナル　二〇一六年）があります。『最も危険な〜』は映画を通じた近現代アメリカ史、アメリカ精神史の分析になっています。単なる映画通ではなく広範な教養と調査取材力がなければできない仕事です。

他に、**『雑食映画ガイド』**（双葉社　二〇一三年）、**『アメリカ流れ者』**（スモール出版　二〇一八年。TBSラジオ「たまむすび」の映画コラムの書籍化）、**『映画と本の意外な関係！』**（インターナショナル新書　二〇一七年）、**『「最前線の映画」を読む』**（インターナショナル新書　二〇一八年）。

アフォリズム・箴言

「すべての芸術は自然を模倣する」アリストテレス（古代ギリシャの哲学者）

模倣を意味するギリシア語は「ミメーシス」です。カワセミのくちばしを模して新幹線の先頭車両のカタチに活かすなど、生物模倣デザインを「バイオミメティクス」と言いますよね。

ただし、ギリシア語の「ミメーシス」を「モノマネ」「亜流」「二番煎じ」という意味で解釈してはいけません。むしろ対象の本質を強化して再現・再生するという意味です。したがって芸術が描き出すのは理想的で本質的な自然像ということです。

「すべての自然は芸術を模倣する」オスカー・ワイルド（イギリス・小説家）

あきらかにアリストテレスを意識した箴言です。でもいったいどう解釈したらいいのでしょう。例えば、セザンヌが描いた『サント・ヴィクトワール山』を見てしまったら、自然界のサント・ヴィクトワール山の印象はもう違って見えてしまう。それほど優れた芸術作品は影響力をもつ。作品の方を実際の山が模倣しているように見えてしまうということです。

さて、アリストテレスの見解とは対極的のようでいて、アート（人工的な作品）こそ、ネイチャー（自然）そのものよりはるかに本質的でピュアと考えている点では通底しています。むしろ両者は、自然をモデルとしてその魂・命（アニマ）を作品に込めようとする日本の芸術観と対照的と言えるでしょう。

第5章

哲学

「ボーッと生きて」いたら、反知性主義者？　そうではないようです。ある種の知識への固執や熱狂、それにもとづく異質な意見の排除が反知性主義に向かう道です。そうなると、たくさん知識があれば大丈夫というわけでもなさそうです。東大が、知識詰め込み型ではなく、広範で柔軟な教養型の勉強を奨励するのも、固定した知識への妄信に気をつけろ、ということではないでしょうか。

プレ講義⑦

「反知性主義・反教養主義」への東大の危機意識

今回の課題文の出典である『日本の反知性主義』の〈まえがき〉のところで、筆者の内田樹さんが次のように書いています。

「為政者からメディアまで、ビジネスから大学まで、社会の根幹部分に反知性主義・反教養主義が深く食い入っていることは間違いありません」。

「反知性主義」をテーマにしたアンソロジーを編もうとした動機・危機意識を語っています。この危機意識について東大の先生も共有しているから、今回の出題になったのではないでしょうか。

なお、〈まえがき〉を〝「そういえば、ずいぶん危機感をもって、『あんな本』を出したことがあったね」という思い出話をみんなで笑いながら話せる日が来ることを切望しております〟という言葉で締めくくっています。

深刻なテーマだから重苦しくならないよう和やかな雰囲気を出そうとしたのでしょうか。そうではないでしょう。実は、何らかの危機について書いてしまった場合、その本来の意図に反して、その危機が実現してしまうことを願ってしまうという逆説を念頭に置いていると思われます。

つまり「どうだ、オレ様の警告通りになっただろう。オレ様が何と深い見識と洞察の持ち主であるかわかっただろう」という承認欲求が無意識にはたらいてしまう。こうした「予言の自己成就」にも似た〝危機論〟の落とし穴について、内田さんは別の本で指摘しています。したがって、自戒をこめて、先の言葉になったと考えられます。

本書で取り上げている他のテーマとの関連を見出すこともできます。

例えば、【歴史論】でふれた歴史修正主義は一つの反知性主義でしょう。また【科学論】でふれた基礎研究をないがしろにし、実用にしか予算をつけようとしない態度も反知性主義かもしれません。さらに【環境論】でふれる生態系と未来世代への視野を欠落させたタイプのリバタリアニズム（自由主義）も、排他的自国ファーストも、カウントできるかもしれません。

また、本文には「反知性主義者」による「呪い」という表現が出てきます。ニーチェの「ルサンチマン」を思い出します。サンジェルマンでもサンドイッチマンでもありませんよ。呪詛《じゅそ》・怨念《おんねん》を意味するフランス語（ressentiment）です。『**道徳の系譜**』（岩波文庫）に次のようなフレーズがでてきます。

「これまで人類の上に蔓延《まんえん》していた呪詛は苦しみの無意味ということであって、苦しみそのものではなかった」。

これは「受苦せし者は学びたり（失敗したりつまずいたりして苦痛を被った人は、そこから何かを学んで前進する）」というギリシアの諺を踏まえていると思われます。もっと一般的な表現なら〝no pain, no gain〟です。チャレンジして、その失敗の痛みを自ら引き受けることなしには、得られるものはないよ、ということです。

それなのに、人類は、他人を呪う「呪詛＝ルサンチマン」によって、苦しみから学ぶチャンスを台無しにしてきたとニーチェは言うのです。「私の不遇・苦痛は誰かのせいだ」「何かの陰謀だ」といつも考えてしまうことで、苦しみそのものと向き合うこともせず、自らの成長もないということです。

ヘイトスピーチや移民排斥に見られる、他者への怨念の声を想起しますね。もっとも、ニーチェ思想の一部は、後にナチス政権下でユダヤ人排斥に都合よく利用されてしまうという皮肉もあるのですが。

二〇一六年度第一問

次の文章を読んで、後の設問に答えよ。

ホーフスタッターはこう書いている。

　反知性主義は、思想に対して無条件の敵意をいだく人びとによって創作されたものではない。まったく逆である。教育ある者にとって、もっとも有効な敵は中途半端な教育を受けた者であるのと同様に、指折りの反知性主義者は通常、思想に深くかかわっている人びとであり、それもしばしば、陳腐な思想や認知されない思想にとり憑《つ》かれている。反知性主義に陥る危険のない知識人はほとんどいない。一方、ひたむきな知的情熱に欠ける反知識人もほとんどいない。

（リチャード・ホーフスタッター『アメリカの反知性主義』田村哲夫訳、強調は引用者）

この指摘は私たちが日本における反知性主義について考察する場合でも、つねに念頭に置いておかなければならないものである。反知性主義を駆動しているのは、単なる怠惰や無知ではなく、ほとんどの場合「ひたむきな知的情熱」だからである。

　この言葉はロラン・バルトが「無知」について述べた卓見を思い出させる。バルトによれば、無知とは知識の欠如ではなく、知識に飽和されているせいで未知のものを受け容《い》れることができなくなった状態を言う。実感として、よくわかる。「自分はそれについてはよく知らない」と涼しく認める人は「自説に固執する」ということがない。他人の言うことをとりあえず黙って聴く。聴いて「得心がいったか」「腑《ふ》に落ちたか」「気持ちが片づいたか」どうかを自分の内側をみつめて判断する。アそのような身体反応を以《もっ》てさしあたり理非の判断に代えることができる人を私は「知性的な人」だとみなすことにしている。その人においては知性が活発に機能しているように私には思われる。そのような人たちは単に新たな知識や情報を加算しているのではなく、自分の知的な枠組みそのものをそのつど作り替えているからである。知性とはそういう知の自己刷新のことを言うのだろうと私は思っている。個人的な定義だが、しばらくこの仮説に基づいて話を進めたい。

「反知性主義」という言葉からはその逆のものを想像すればよい。反知性主義者たちはしばしば恐ろしいほどに物知りである。一つのトピックについて、手持ちの合切袋《がっさいぶくろ》から、自説を基礎づけるデータやエビデンスや統計数値をいくらでも取り出すことができる。けれども、それをいくら聴かされても、私たちの気持ちはあまり晴れることがないし、解放感を覚えることもない。というのは、イこの人はあらゆることについて正解をすでに知っているからである。正解をすでに知っている以上、彼らはことの理非の判断を私に委ねる気がない。「あなたが同意しようとしまいと、私の語ることの真理性はいささかも揺るがない」というのが反知性主義者の基本的なマナーである。「あなたの同意が得られないようであれば、もう一度勉強して出直してきます」というようなことは残念ながら反知性主義者は決して言ってくれない。彼らは「理非の判断はすでに済んでいる。あなたに代わって私がもう判断を済ませた。だから、あなたが何を考えようと、それによって私の主張することの真理性には何の影響も及ぼさない」と私たちに告げる。そして、そのような言葉は確実に「呪い」として機能し始める。というのは、そういうことを耳元でうるさく言われているうちに、こちらの生きる力がしだいに衰弱してくるからである。「あなたが何を考えようと、何をどう判断しようと、それは理非の判定に関与しない」ということは、「あなたには生きている理由がない」と言われているに等しいからである。

　私は私をそのような気分にさせる人間のことを「反知性的」と見なすことにしている。その人自身は自分のことを「知性的」であると思っているかも知れない。たぶん、思っているだろう。知識も豊かだし、自信たっぷりに語るし、反論されても少しも動じない。でも、やはり私は彼を「知性的」とは呼ばない。それは彼が知性を属人的な資質や能力だと思っているからである。だが、私はそれとは違う考え方をする。

　知性というのは個人においてではなく、集団として発動するものだと私は思っている。知性は「集合的叡智《えいち》」として働くのでなければ何の意味もない。単独で存立し得るようなものを私は知性と呼ばない。

わかりにくい話になるので、すこしていねいに説明したい。

私は、知性というのは個人に属するものというより、集団的な現象だと考えている。人間は集団として情報を採り入れ、その重要度を衡量し、その意味するところについて仮説を立て、それにどう対処すべきかについての合意形成を行う。その力動的プロセス全体を活気づけ、駆動させる力の全体を「知性」と呼びたいと私は思うのである。

ある人の話を聴いているうちに、ずっと忘れていた昔のできごとをふと思い出したり、しばらく音信のなかった人に手紙を書きたくなったり、凝った料理が作りたくなったり、家の掃除がしたくなったり、たまっていたアイロンかけをしたくなったりしたら、それは知性が活性化したことの具体的な徴候である。私はそう考えている。「それまで思いつかなかったことがしたくなる」というかたちでの影響を周囲にいる他者たちに及ぼす力のことを、知性と呼びたいと私は思う。

知性は個人の属性ではなく、集団的にしか発動しない。だから、ある個人が知性的であるかどうかは、その人の個人が私的に所有する知識量や知能指数や演算能力によっては考量できない。そうではなくて、その人がいることによって、その人の発言やふるまいによって、彼の属する集団全体の知的パフォーマンスが、彼がいない場合よりも高まった場合に、事後的にその人は「知性的」な人物だったと判定される。

個人的な知的能力はずいぶん高いようだが、その人がいるせいで周囲から笑いが消え、疑心暗鬼を生じ、勤労意欲が低下し、誰も創意工夫の提案をしなくなるというようなことは現実にはしばしば起こる。きわめて頻繁に起こっている。その人が活発にご本人の「知力」を発動しているせいで、彼の所属する集団全体の知的パフォーマンスが下がってしまうという場合、私はそういう人を「反知性的」とみなすことにしている。これまでのところ、この基準を適用して人物鑑定を過ったことはない。

（内田樹《たつる》「反知性主義者たちの肖像」）

〔注〕

○リチャード・ホーフスタッター —— Richard Hofstadter（一九一六～一九七〇）。アメリカの歴史学者・思想家。

○ロラン・バルト —— Roland Barthes（一九一五～一九八〇）。フランスの哲学者・批評家。

設問と解答例

（設問一）「そのような身体反応を以てさしあたり理非の判断に代えることができる人」（傍線部ア）とはどういう人のことか、説明せよ。

いきなりこの「できる人」は、筆者である内田さんが「知性的な人」と認める人です。言い換えれば、対比相手である「反知性主義者」がやってしまいそうなことをしない人です。当然、この対比は説明に入れますよ。「〇〇ではなく△△な人」という説明スタイルです。まず反知性主義者がやってしまいそうなことは、「自説に固執する」ことです。また、その意味での「知的情熱」です。

内田さんはロラン・バルトの「無知」に関する「卓見」に言及しています。すなわち、「無知とは知識の欠如ではなく、知識に飽和されているせいで未知のものを受け容れることができなくなった状態」です。ホーフスタッターの言葉だと「陳腐な思想や認知されない思想にとり憑《っ》かれている」。

つまり、自分のイチオシの知識でいっぱいいっぱいなんですね。未知の知見に耳を傾ける余裕はないし、何よりそんなことをしたら、まるまる自己否定になりかねない。だから1ミりも譲らず相手を論破したい熱狂にかられてしまう。本当は自己否定ではなく、自己の成長になるかもしれないのに。

【科学論】で登場した中屋敷さんも「分からないことがある」喜びを語っていました。今回の課題文と合わせて、異なる年度で共通したメッセージを発している現代文が出題されたということです。

ここから東大の出題意図もうかがえます。「未知なものへの学問的探究心をもとう！」ということですね。それから知識の詰め込み型の試験を課さないことを東大は宣言していますしね。これは反知性主義に陥らない予防とも考えられます。

内田さん自身、傍線部の後で、「知性的な人」がしていることとして、「単に新たな知識や情報を加算しているのではなく、自分の知的な枠組みそのものをそのつど作り替えている」「知の自己刷新」と語っています。ここは説明にも盛り込みます。

この部分は、傍線部「そのような身体反応」が直接指示している「他人の言うことをとりあえず黙って聴く。聴いて『得心がいったか』『腑《ふ》に落ちたか』『気持ちが片づいたか』どうかを自分の内側をみつめて判断する」という部分をとてもよくまとめた表現になっていますから。

まんま「『得心がいったか』『腑《ふ》に落ちたか』『気持ちが片づいたか』どうかを自分の内側

をみつめて判断する」と書いて全然ダメということはありませんが、この問いは、単に指示語の内容を答えさせるものではありません。「〜できる人」とはどういう人のことかを、十分に説明することです。それから、具体例よりまとまった表現を採用することが説明の要諦です。

入試現代文では、まず学術的・思想的メッセージを含む文章を読み、理解することを求めます。東大では文章に空欄など付けません。さらにそのエッセンスをまとめる。この作業自体が「反知性主義」に陥らないトレーニングでもあるわけです。

小論文もそうです。まず課題文を読み、まとめ、それから自分の意見を書きます。しかも自説や持論への拘りではなく、設問条件に誠実にしたがって立論します。このことは大学入試だけでなく、法科大学院入試や司法試験予備試験を受ける大人にも私がいつも語っていることです。

これから大学や大学院で学ぼうというのに、一つの模範解答の用意されていない学問上のテーマにいどんでいくっていうのに、すでにガッチリできあがった「自説・持論」に固執するなんて、かえって邪魔です。内田さんの言葉を借りた東大のメッセージが聞こえてくるようです。

解答例　自説に固執し未知なものを受け入れられない姿勢と異なり、相手の言葉を聞き、しかも単なる知識の追加ではなく、知の自己刷新ができるか判断する人。

POINT

得点になる箇所…五つのうち三つとれたら合格圏入り

第一ポイント……自説に固執しないという指摘
第二ポイント……未知なものを受け入れられない状態とは異なるという指摘
第三ポイント……相手の言葉を聞くという指摘
第四ポイント……知識の追加ではないという指摘
第五ポイント……知の自己刷新という指摘

（設問二）「この人はあらゆることについて正解をすでに知っている」（傍線部イ）とはどういうことか、説明せよ。

今度は反知性主義者の説明です。

問（一）とは対照的です。対比を通じて物事の説明がクリアになる。ゆえに東大はこういうところに傍線を引いて説明を求めてきます。

さて、内田さんによれば、「反知性主義者たちはしばしば恐ろしいほどに物知りで〜自説を基礎づけるデータやエビデンスや統計数値をいくらでも取り出すことができる」です。

単なる思い付きではなく実証データ・エビデンスを挙げられるなんて、とても知的じゃないかと思ってしまいます。危ないですね。

そこで【科学論】でも登場した哲学者カール・ポパーの〝反証可能性〟という考え方をおさらいしましょう。自説や仮説を裏付けるデータをたくさん出せることが、科学的（知的）であることの証明ではなく、むしろ、反証（反対）事例に開かれていること、自説がカバーできないことがらにも耳を傾けること、自らの誤りの可能性に敏感な態度が科学的（知的）と語っています。成長・刷新になるからです。

さらに内田さんは、「あなたが同意しようとしまいと、私の語ることの真理性はいささかも揺るがない」「あなたが何を考えようと、それによって私の主張することの真理性には何の影響も及ぼさない」「あなたが何を考えようと、何をどう判断しようと、それは理非の判定に関与しない」と「反知性主義者」の振る舞いについて同趣旨のことを繰り返し主張しています。ここも説明に採用しましょう。

解答例　相手の同意によらず、自説を基礎づけるデータやエビデンスをいくらでも取り出すことができ、自らの語る真理性は揺らがないと考える反知性主義者。

POINT

得点になる箇所…五つのうち三つとれたら合格圏入り

第一ポイント……相手（の同意・考え）によらないという指摘
第二ポイント……自説を基礎づけるという指摘
第三ポイント……データやエビデンスという指摘
第四ポイント……自分の真理性は揺らがないと考えるという指摘
第五ポイント……反知性主義者（知性的ではない人）という指摘

（設問三）「『あなたには生きている理由がない』と言われているに等しい」（傍線部ウ）とはどういうことか、説明せよ。

知識はあっても知性的ではない人は、オレ様は「正解をすでに知っている」という態度です。正解はオレ様の中にあると。相手が何を考えようが考えまいが、そもそもそこにいようがいまいが関係ないという姿勢をとります。こうして反知性主義者の肖像が掘り下げられていきます。こういう文章理解の節目に東大は傍線を引きます。

課題文にはない、別の言葉を使うと独我論（solipsism）です。ラテン語由来のことばでsoliはソロですね。ipsはselfに当たることばで、自己や〝まさにそれ自体〟と強調する意味があります。まさに〝独我論〟です。発音もドクガロンでほぼ怪獣です。カワイク言うと〝ひとりでできるもん〟です。幼児ならともかく、大人と大人の関係ではカワイクないですね。

こういう態度で来られたら、傍線部のとおり「『あなたには生きている理由がない』と言われているに等しい」気分になります。「生きる力がしだいに衰弱」するわけです。

それでも本当に「この人はあらゆることについて正解をすでに知っている」のであれば、しょうがない気もしますが、そうではないと内田さんは説明します。「知性を属人的な資質や能力だと思って」はいけない。「知性というのは個人においてではなく、集団として発動するものだ」「知性というのは個人に属するものというより、集団的な現象」など、これまた繰り返し説明してくれています。ここも解答に入れたいです。

イギリスやアメリカの伝統ある大学では、今日でも〝学寮・カレッジ〟を維持し、教授と学生が起居を共にする習慣があることも想起されます。

ちなみに、発達心理学者の浜田寿美男《はまだすみお》さんは、言語の獲得も他者との対話から始まると語っています。それを単語と文法を覚えれば事足りると考える態度を独我論的と批判しています（**『「私」とは何か』**講談社選書メチエ 一九九九年。センター試験にも出ています）。

解答例　知性は本来個人に属するものではなく集団的なものなのに、あなたが何を考えようと理非とは関係ないとの態度によって生きる力が衰弱させられること。

（設問四）「その力動的プロセス全体を活気づけ、駆動させる力」（傍線部エ）とはどういう力のことか、説明せよ。

設問（三）の内容へのアンチテーゼです。この「力」は、一言でいえば、知性の力ですね。これを詳しく説明すればＯＫです。

直後に、手紙や料理や掃除やアイロンの例がありますが、具体例はカットです。まとまった表現としては「『それまで思いつかなかったことがしたくなる』というかたちでの影響を周囲にいる他者たちに及ぼす力」が出てきます。さらに「属する集団全体の知的パフォーマンス」という表現も二度出てきます。対比相手は「個人的知的能力」です。

ふつうなら知性を「属人的な資質や能力だと思って」しまいがちです。「だが、私はそれとは違う考え方をする」と内田さんは語ります。こうしたちょっと意外な着想を内田さんはどのように獲得あるいは構築したのでしょうか。

合気道の稽古と鍛錬、師と弟子たちとの対話からだったのでしょうか。神戸女学院大学での学生指導のなかででしょうか。それとも主な研究対象であったユダヤ系の哲学者エマニュエル・レヴィナスからの触発でしょうか。はたまたこの全部でしょうか。

レヴィナスは「人間の基礎的存在は倫理的なものであり、つねに他者を想定せざるをえない状況にある」と語っています。そもそもユダヤ教あるいはユダヤ文化の学問的聖典であるタルムードという書物の構成からして〝対話的〟で〝集合的〟です。

というのも、一人の偉大な聖人の言葉を収録しておしまいではなく、続く後代の何人もの賢者による注釈や反論や再反論を収録した書物だからです。これについては市川裕《いちかわひろし》さん（東大人文社会系研究科名誉教授）の『**ユダヤ人とユダヤ教**』（岩波新書 二〇一九年）を読んで知りました。

もう一つ。個人の能力ではないから事前にテストして測れない力でもあります。集団全体の知的パフォーマンスを上げたかどうかは「事後的に」しかわからない力です。これも説明に足したいです。

なお、この問（四）は、なぜ大学で学ぶのか、その意義ともかかわります。こういうところを問いにするあたりにも東大の意図を窺うことができそうです。

解答例　個人の知的能力ではなく、自分が属する集団全体の知的パフォーマンスを高める知性の力であり、それゆえ事後的にしか測れない力。

POINT

得点になる箇所…五つのうち三つとれたら合格圏入り

第一ポイント……個人の知的能力ではないという指摘
第二ポイント……自らが属する集団という指摘
第三ポイント……その集団全体の知的パフォーマンスを高めるという指摘
第四ポイント……知性の力という指摘
第五ポイント……事後的にしか測れない力という指摘

（設問五）「この基準を適用して人物鑑定を過ったことはない」（傍線部オ）とはどういうことか、本文全体の趣旨を踏まえた上で一〇〇字以上一二〇字以内で説明せよ（句読点も一字と数える）。

シビれる問題です。内田さんが提示する、「知性的な人」か「反知性主義者」かの判定基準が実際に有効だということです。「この基準」について、傍線部の直前の表現では、「彼の所属する集団全体の知的パフォーマンスが下がってしまうという場合、私はそういう人を『反知性的』とみなすことにしている。」とあります。

うーむ、「そういう人」は大学にも企業にも役所にもサークルにもいそうです。他人を変えることは容易ではないとすれば、他山の石とし、自戒せねばなりません。

さて、対比相手は「その人の個人が私的に所有する知識量や知能指数や演算能力」「個人的な知的能力」です。これらも傍線部と同じ段落と一つ前の段落にあります。

しかし「本文全体の趣旨」という設問条件にしたがい、考察を広げましょう。そもそも東大現代文の最終設問はいつも「本文全体の趣旨をふまえて」という条件を付けてきます。その狙いは何でしょう。

〝俯瞰力〟を問うていると言ったらいいでしょうか。傍線部の説明を、その前後の〝部分〟で済ませてよいのか。全体を参照して理解を十分なものにしようということです。

このこころがけは、普段の読書にも通用するものです。〝ここにこう書いてあることは、さっきのアレを踏まえていたに違いない。うーむ、そうするとよくわかる！〟ということがありますよね。では解説に戻ります。

そうです、冒頭にホーフスタッターによる「反知性主義」の説明があったではありませんか。しかも内田さんが「常に念頭に置いておかなければならない」とし、引用部分に強調点まで打って。

「反知性主義に陥る危険のない知識人はほとんどいない。一方、ひたむきな知的情熱に欠ける反知識人もほとんどいない。」という部分です。どんな知識人でも反知性主義に陥ってしまいうる可能性の中で、それでも人物評価で間違えなかった、それほど内田さんの基準は実効的だということなのです。

解答例　ホーフスタッターが指摘するように、反知性主義に陥る危険のない知識人はほとんどいないにも関わらず、知性的な人か否かの基準として、その人の個人的な知的能力ではなく、その人が所属する集団の知的パフォーマンスを高めるか否かの基準が有効だということ。

POINT

得点になる箇所…七つのうち四つとれたら合格圏入り

第一ポイント……ホーフスタッターに言及している
第二ポイント……反知性主義に陥る危険のない知識人はほとんどいないという指摘
第三ポイント……それなのに／その状況下でという指摘
第四ポイント……知性的か反知性的かの判断基準という指摘
第五ポイント……個人の能力ではないという指摘
第六ポイント……集団的なものという指摘
第七ポイント……以上のような判断基準が有効にはたらいているという指摘

筆者紹介：内田 樹（うちだ たつる）

一九五〇年生まれ。都立日比谷高校を中退し、大検を経て、東大に合格。文学部仏文科卒、東京都立大大学院修了。長く神戸女学院大教授を務めました。合気道七段。合気道の道場も営んでいます。

フランス語を読めるという素養を使い現代思想・現代哲学を吸収し、二〇〇〇年代から猛烈なアウトプットをして日本において本を読む階層に影響を与えてきた人です。私も『**私家版・**

ユダヤ文化論』（文春新書 二〇〇六年。小林秀雄賞受賞）以来、出版された本はすべて読んできた感じです。仏文科に行くことの豊かな可能性を教えてくれる人でもあります。入試現代文や小論文に、鷲田清一さんと並んでよく出ます。

他の著書：『**日本辺境論**』（新潮新書 二〇〇九年。新書大賞受賞）……「辺境」という表現で日本人の特異な自己認識と世界認識を分析しています。『**寝ながら学べる構造主義**』（文春新書 二〇〇二年）……ジャック・ラカン、ミッシェル・フーコー、ロラン・バルト、クロード・レヴィ＝ストロースがよくわかります。

出典

『**日本の反知性主義**』（内田樹編 晶文社 二〇一五年）の内田樹さん担当箇所「反知性主義者たちの肖像」、全十五節のうち冒頭の二節〈「知性的」と「反知性的」を分かつもの〉〈知性とは集団的な現象である〉の部分が東大の課題文です。他の寄稿者は、内田さんが信頼できる論者として選んだ人たちで、以下の通りです。

赤坂真理（作家）・小田嶋隆（コラムニスト）・白井聡（政治学、政治思想）・想田和弘（映画作家）・高橋源一郎（作家、文芸批評家）・仲野徹（生命科学）・名越康文（精神科医）・平川克美（事業家、文筆家）・鷲田清一（臨床哲学）

大人の補講

課題文では「知性」と「反知性」が意外な内容ではありましたが、明解に定義されていました。一方、これとは違う「知性」の定義もありえます。東大後期日程の小論文課題で次のような問題が出題されています。

問1……理性と知性を定義したうえで、両者の相互関係について論じなさい。
問2……あなた自身が経験したことに照らして、「知性」の重要性を示す具体的な事例を挙げて論じなさい。

問1は、もともとは自分で定義を発案するのではなく、課題文の要約です。猪木《いのき》武徳《たけのり》さんの**『自由と秩序──競争社会の二つの顔』**（中央公論新社 二〇〇一年／ちなみにこの本は慶大経済学部の小論文でも出題されています）を読んでまとめる問題でした。

この猪木さんによれば、「理性」とは既存のものを理解する能力です。ふつうなら「欲望を抑える冷静な意志」をイメージしがちですが、猪木さんの「理性」は言い換えれば、アンダースタンディングの力です。ルーチンなものを知識として正しく吸収できる能力です。

実は、文章理解力もこれです。書いてあることを書いてある通り理解するスキルです。入試現代文で問われている力はこの理性です。ただし理解した内容をコンパクトに（過不足なく）記述してみせる表現力は、高度な理解力と言えるでしょう。

一方、「知性」は書いてあることを踏まえつつ、書いてないことまで推測する力です。いわば行間を読む力で、インテリジェンスです。ラテン語の intellectus に由来します。分解すると、inter（間） legere（読む・選ぶ・くみ取る）です。情報でいえば、雑多な情報はインフォメーション、吟味された情報がインテリジェンスです。また、想定外のノン・ルーチンな事態に対処できる応用力が知性です。両者の関係は、まず理性がベースにあって、その上に知性が築かれるというピラミッド型の関係です。

さてそういう文章がもともとはあったのですが、読者のみなさんそれぞれの仕方で「理性」と「知性」の定義づけの試みをしてみてはいかがですか。例えば、自分が見ている対象を理解する能力（分析力／対象理解力）が「理性」で、他方、自分自身をも含めて対象化して自らの理性を俯瞰して吟味する能力（総合力／自己再帰的理解力）が「知性」だ、とかね。ソクラテスも「汝、自身を知れ」「無知の知」などと語っていました。

次に、「あなた自身が経験したことに照らして、「知性」の重要性を示す具体的な事例を挙げて論じ」てください。オフィスで、学校で、路上で、ビジネスで、旅行で、想定外のことに直面して、どのように切り抜けましたか。

猪木さんが挙げている「ノン・ルーチンなものへの対処力」（既存の知識を総動員しながらも想定外の事態に対応できる能力）としての「知性」でも、自分で発案した「知性」でも、内田樹さんの「集合的な知性」でもよいですよ。どれが有効そうですか。

読書案内

『保守のヒント』（中島岳志《なかじまたけし》 春風社 二〇一〇年）

氏は一九七五年、大阪府生まれ。大阪外語大ヒンディー語専攻卒、京大大学院アジア・アフリカ地域研究科修了、東工大教授。

保守主義は本来、カール・マンハイムやエドマンド・バークに由来する一つの思想です。とくにフランス革命のようにあまりにラディカルに社会改造を熱狂的に推し進めることがかえって多くの悲劇を生むことを踏まえた思想です。

本書を読むと「保守主義」を標榜していても実は「保身」や既得権にしがみつくにすぎない姿との区別ができるようになります。

『分断と対話の社会学』（塩原良和《しおばらよしかず》 慶應義塾大学出版会二〇一八年）

氏は慶大法学部卒、同大学院修了。本書は慶大法学部における「社会学」「社会動態学」の講義録。現代社会における「分断」（移民排斥やヘイトスピーチなど）をめぐる問題発見と問題解決のためのキーワードを多数提示しています。

『哲学の起源』（柄谷行人《からたにこうじん》 岩波書店二〇一二年）

氏は一九四一年生まれ。東大経済学部卒、同大学院人文科学研究科修士課程修了。本書は一般的な古代ギリシャの哲学史の紹介ではなく、社会の哲学の起源を探る試みです。現代民主主義の起源であるアテネのデモクラシーを超える可能性を秘めたイオニア地方の〝イソノミア〟という政治のあり方を考察しています。

『新版 哲学・論理用語辞典』（思想の科学研究会編 三一書房二〇一二年）

鶴《つる》見《み》俊輔《しゅんすけ》さんや市《いち》井《い》三郎《さぶろう》さんが参加していた「思想の科学研究会」が編纂したものです。

アフォリズム・箴言

「知識を身につける機会があれば、たとえ不完全なものでも無視するのは、劇場へ行って芝居

を見ないのと同じだ」 二十世紀の英国を代表する哲学者、バートランド・ラッセルのことば。ノーベル文学賞受賞。著書に、『**西洋哲学史**』（世界的ベストセラー。日本ではみすず書房から全三巻。難解で知られるヘーゲルについて、明晰な言語哲学の視点から「彼の語っていることはほとんど誤りであるが……」と一刀両断！）、『**プリンキピア・マテマティカ（数学原理）**』（ホワイトヘッドとの共著。日本語訳は序章だけ。それでも三〇〇ページ！）。

「自己満足的に長所を頼りすぎると、皮肉なことに長所が短所に変わる傾向がある」 米国の神学者、ラインホールド・ニーバー他の著書『**アメリカ史のアイロニー**』（聖学院大学出版会）に出てくることば。大統領になる前のバラク・オバマが影響を受けた本といわれています。今回の反知性主義の問題点と大いに重なる部分のある指摘です。

「絶対的な理念のあくなき追求には陥穽《かんせい》が潜む」 英国の政治哲学者、アイザイア・バーリンのことば。宗教戦争もかつての学生運動の行き詰まりも、ここに理由を見出せるのかもしれません。自分たちが信じる理念や正義を絶対視するゆえ、一ミリの妥協もしない。むしろわずかな妥協をすることに耐えがたい不純さを見て徹底的に殲滅《せんめつ》しようとする。

第6章

環境

日本人の自然観といえば、八百万《や お よろず》の神に代表されるアニミズムとされてきました。地水火風・森羅万象にタマシイを見る見方ですね。さて、これは現在でも変わらないものでしょうか。そもそも自然を見るメガネ、自然観などというものがあるということにどれだけ私たちは自覚的でしょうか。東大は自分を見るメガネをもつことの意味を好んで問うてきます。

プレ講義⑧

「知ってるつもり」を自問する目をもつ

課題文の冒頭に「環境問題は、汚染による生態系の劣悪化、生物種の減少、資源の枯渇、廃棄物の累積などの形であらわれている」とあります。そのため、受験生は（本書の読者のみなさんも）これは「知っている」かもしれません。

しかしこの問題をめぐっては、〝現象、表層の背後にあるより本質的なものを見る目をもて！〟〝「知っているテーマだ」と思った（思う）とき、それはどのレベルで知っているのか、自問する目をもて！〟そんな東大からのメッセージがうかがえます。

現代の国内・国際社会でもっとも深刻な問題の一つが環境問題です。ただし本書は自然破壊の現状報告ではありません。生態系破壊を生んでしまった近代科学の自然観（自然をどのようなものとして見るかという思想）の特徴を語っています。

筆者はジャーナリストでも環境ＮＧＯのメンバーでもなく哲学者ですからね。現象の説明ではなく、原点になる思想を批判的に考察します。哲学ってカッコイイ。実に根源的かつ現代的です。

例えば、西欧近代の考え方に「機械論的自然観」というものがあります。自然の神秘性や精神性を否定し、自然なんてモノだ、自然の仕組みは機械だと単純化する考えです。破壊しても祟《たた》りなんかないわけです。

一方、ニュートンが登場するまで、古代から約二千年にわたって信じられてきた自然観はアリストテレスの、ある種の物活論です。物体はなぜ落ちるのか。物の中にある種の精神が宿っていて、地球に心惹かれているから、物体は地面に向かって落ちるという発想です。

また太陽や月や金星が地球に落ちてこないように天上界（宇宙）では地上界とは違う意志がはたらいていると考えていました。

これに対しニュートンは地上でも天上（宇宙）でも等しくはたらく万有引力（重力）という概念で説明します。物のなかの意志など考えません。

「自然からそれら精神性を剥奪」したもう一つの発想は、ルネ・デカルトの「延長」（ラテン語でextensio）という概念です。例えば、目の前に１kgの鉄のカタマリがあるとすれば、この物体は隅々まで鉄です（今なら原子記号Feで表されるモノ）。ここにタマシイだの、キツネ憑《つ》きだの、物質以外の何かが入り込む余地は〇・〇〇１gもないとの考え方です。セルロイドの人形に魂が宿るなど、まったくの迷信ということです。

もっとも、デカルト自身は溺愛していた娘を亡くすとそっくりの人形を作らせていつも同伴していたというエピソードを澁澤龍彦《しぶさわたつひこ》さんが紹介しています（『**少女コレクション序説**』中公

文庫　一九八五年）。

また、近代以降のテクノロジーは、それ以前のテクノロジーとは異なり、「科学技術」になります。

前近代では、靴職人や家具職人やバイオリン職人の手わざ（古代ギリシア語でテクネー／テクノロジー）と自然哲学ともいうべき自然探究のサイエンスとは別ものでした。それがセットになります。ただし「サイエンス＆テクノロジー」ではなく、「サイエンス・ベースト・テクノロジー」です。膨大な検証データに支えられた現代医療を「エビデンス・ベースト・メディスン＝ＥＢＭ」と呼ぶのと似ています（同時に患者の語りにもとづく医療、ナラティブ・ベースト・メディスン＝ＮＢＭも忘れるなと言われます）。

さて「生態系」「エコロジー」が重要視される現代ですが、それぞれつづりは、生態系＝ecosystem、エコロジー＝ecology です。「エコ＝eco」の語源はギリシア語の〝oikos オイコス〟で「家」を意味します。本文にも「ひとつの生態系は独特の時間性と個性を形成する」とあり、ある程度閉じてまとまったもの、「家」をイメージさせます。

例えば、奄美大島の生態系はある程度閉じた〝家〟ゆえ人間が勝手にハブ退治のつもりでマングースを持ち込むと大変な事態となるわけです。なお経済学 economics のエコも同じで、ある閉じた世界のなかでの「ヒト・カネ・モノ」の交換を分析していると言えます。

二〇二二年度第一問

次の文章を読んで、後の設問に答えよ。

環境問題は、汚染による生態系の劣悪化、生物種の減少、資源の枯渇、廃棄物の累積などの形であらわれている。その原因は、自然の回復力と維持力を超えた人間による自然資源の搾取にある。環境問題の改善には、思想的・イデオロギー的な対立と国益の衝突を超えて、国際的な政治合意を形成して問題に対処していく必要がある。

しかしながら、環境問題をより深いレベルで捉《とら》え、私たちの現在の自然観・世界観を見直す必要性もある。というのも、自然の搾取を推進したその理論的・思想的背景は近代科学の自然観にあると考えられるからだ。もちろん、自然の搾取は人間社会のトータルな活動から生まれたものであり、環境問題の原因のすべてを近代科学に押しつけることはできない。

しかしながら、近代科学が、自然を使用するに当たって強力な推進力を私たちに与えてきたことは間違いない。その推進力とは、ただ単に近代科学がテクノロジーを発展させ、人間の欲求を追求するための効率的な手段と道具を与えたというだけではない（テクノロジーとは、科学的知識に支えられた技術のことを言う）。それだけではなく、近代科学の自然観そのものの中に、生態系の維持と保護に相反する発想が含まれていたと考えられるのである。

　近代科学とは、一七世紀にガリレオやデカルトたちによって開始され、次いでニュートンをもって確立された科学を指している。近代科学が現代科学の基礎となっていることは言うまでもない。近代科学の自然観には、中世までの自然観と比較して、いくつかの重要な特徴がある。

　第一の特徴は、機械論的自然観である。中世までは自然の中には、ある種の目的や意志が宿っていると考えられていたが、近代科学は、自然からそれら精神性を剥奪《はくだつ》し、定められた法則どおりに動くだけの死せる機械とみなすようになった。

　第二に、原子論的な還元主義である。自然はすべて微小な粒子とそれに外から課される自然法則からできており、それら原子と法則だけが自然の真の姿であると考えられるようになった。

　ここから第三の特徴として、ア物心二元論が生じてくる。二元論によれば、身体器官によって捉えられる知覚の世界は、主観の世界である。自然に本来、実在しているのは、色も味も臭《にお》いもない原子以下の微粒子だけである。知覚において光が瞬間に到達するように見えたり、地球が不動に思えたりするのは、主観的に見られているからである。自然の感性的な性格は、自然本来の内在的な性質ではなく、自然をそのように感受し認識する主体の側にある。

つまり、心あるいは脳が生み出した性質なのだ。

真に実在するのは物理学が描き出す世界であり、そこからの物理的な刺激作用は、脳内の推論、記憶、連合、類推などの働きによって、秩序ある経験（知覚世界）へと構成される。つまり、知覚世界は心ないし脳の中に生じた一種のイメージや表象にすぎない。物理学的世界は、人間的な意味に欠けた無情の世界である。

それに対して、知覚世界は、「使いやすい机」「嫌いな犬」「美しい樹木」「愛すべき人間」などの意味や価値のある日常物に満ちている。しかしこれは、主観が対象にそのように意味づけたからである。こうして、物理学が記述する自然の客観的な真の姿と、私たちの主観的表象とは、質的にも、存在の身分としても、まったく異質のものとみなされる。

これが二元論的な認識論である。そこでは、感性によって捉えられる自然の意味や価値は主体によって与えられるとされる。いわば、自然賛美の抒情詩《じょじょうし》を作る詩人は、いまや人間の精神の素晴らしさを讃《たた》える自己賛美を口にしなければならなくなったのである。こうした物心二元論は、物理と心理、身体と心、客観と主観、自然と人間、野生と文化、事実と規範といった言葉の対によって表現されながら、私たちの生活に深く広く浸透している。日本における理系と文系といった学問の区別もそのひとつである。二元論は、没価値の存在と非存在の価値を作り出してしまう。

二元論によれば、自然は、何の個性もない粒子が反復的に法則に従っているだけの存在となる。こうした宇宙に完全に欠落しているのは、ある特定の場所や物がもっているはずの個性である。時間的にも空間的にも極微にまで切り詰められた自然は、場所と歴史としての特殊性を奪われる。近代的自然科学に含まれる自然観は、自然を分解して利用する道をこれまでないほどに推進した。最終的に原子の構造を砕いて核分裂のエネルギーを取り出すようになる。自然を分解して（知的に言えば、分析をして）、材料として他の場所で利用する。近代科学の自然に対する知的・実践的態度は、ウ自然をかみ砕いて栄養として摂取することに比較できる。

近代科学が明らかにしていった自然法則は、自然を改変し操作する強力なテクノロジーとして応用されていった。しかも自然が機械にすぎず、その意味や価値はすべて人間が与えるものにすぎないのならば、自然を徹底的に利用することに躊躇《ちゅうちょ》を覚える必要はない。本当に大切なのは、ただ人間の主観、心だけだからだ。こうした態度の積み重ねが現在の環境問題を生んだ。

だが実は、この自然に対するスタンスは、人間にもあてはめられてきた。むしろその逆に、歴史的に見れば、人間に対する態度が自然に対するスタンスに反映したのかもしれない。近代の人間観は原子論的であり、近代的な自然観と同型である。近代社会は、個人を伝統的共同体の桎梏《しっこく》から脱出させ、それまでの地域性や歴史性から自由な主体として約束した。つまり、人間個人から特殊な諸特徴を取り除き、原子のように単独の存在として遊離させ、規則や法に従ってはたらく存在として捉えるのだ。こうした個人概念は、たしかに近代的な個人の自由をもたらし、人権の概念を準備した。

しかし、近代社会に出現した自由で解放された個人は、同時に、ある意味でアイデンティティを失った根無し草であり、誰《だれ》とも区別のつかない個性を喪失しがちな存在である。そうした誰とも交換可能な、個性のない個人（政治哲学の文脈では「負荷なき個人」と呼ばれる）を基礎として形成された政治理論についても、現在、さまざまな立場から批判が集まっている。物理学の微粒子のように相互に区別できない個人観は、その人のもつ具体的な特徴、歴史的背景、文化的・社会的アイデンティティ、特殊な諸条件を排除することでなりたっている。

だが、そのようなものとして人間を扱うことは、本当に公平で平等なことなのだろうか。いや、それ以前に、近代社会が想定する誰でもない個人は、本当は誰でもないのではなく、どこかで標準的な人間像を規定してはいないだろうか。そこでは、標準的でない人々のニーズは、社会の基本的制度から密《ひそ》かに排除され、不利な立場に追い込まれていないだろうか。実際、マイノリティに属する市民、例えば、女性、少数民族、同性愛者、障害者、少数派の宗教を信仰する人たちのアイデンティティやニーズは、周辺化されて、軽視されてきた。個々人の個性と歴史性を無視した考え方は、ある人が自分の潜在能力を十全に発揮して生きるために要する個別のニーズに応《こた》えられない。

近代科学が自然環境にもたらす問題と、これらのエ従来の原子論的な個人概念から生じる政治的・社会的問題とは同型であり、並行していることを確認してほしい。

自然の話に戻れば、分解して個性をなくして利用するという近代科学の方式によって破壊されるのは、生態系であることは見やすい話である。自然を分解不可能な粒子と自然法則の観点のみで捉えるならば、自然は利用可能なエネルギー以上のものではないことになる。そうであれば、自然を破壊することなど原理的にありえないことになってしまうはずだ。

しかし、そのようにして分解的に捉えられた自然は、生物の住める自然ではない。自然を原子のような部分に還元しようとする思考法は、さまざまな生物が住んでおり、生物の存在が欠かせない自然の一部ともなっている生態系を無視してきた。

生態系は、そうした自然観によっては捉えられない全体論的存在である。生態系の内部の無機・有機の構成体は、循環的に相互作用しながら、長い時間をかけて個性ある生態系を形成する。エコロジーは博物学を前身としているが、博物学とはまさしく「自然史（ナチュラル・ヒストリー）」である。ひとつの生態系は独特の時間性と個性を形成する。そして、そこに棲息《せいそく》する動植物はそれぞれの仕方で適応し、まわりの環境を改造しながら、個性的な生態を営んでいる。自然に対してつねに分解的・分析的な態度をとれば、生態系の個性、歴史性、場所性は見逃されてしまうだろう。これが、環境問題の根底にある近代の二元論的自然観（かつ二元論的人間観・社会観）の弊害なのである。オ自然破壊によって人間も動物も住めなくなった場所は、そのような考え方がもたらした悲劇的帰結である。

（河野哲也『意識は実在しない』）

設問と解答例

（設問一）「物心二元論」（傍線部ア）とあるのはどういうことか、本文の趣旨に従って説明せよ。

シビれる問題です。本文前半における最大のキーワードの説明を求めています。ここの理解があやふやでは文章全体の趣旨も取り逃すことになる。ゆえに問いにするぞという東大の意図がうかがえます。

直接の言い換えは、本文の傍線直後から始まっています。ですが、その言い換えの説明をする前に、この二元論が、環境問題を生んでしまった近代の自然観の第二の特徴（原子論的な還元主義）からくる考え方だという指摘が必要です。

ちなみに「二元論」とは二つの異なる大きな原理によって物事を説明する仕方です。ユダヤ・キリスト教的な「神と悪魔」による説明（マニ教から由来するようです）がその典型です。

また、「物心二元論」から派生するものとして本文にも出てくる心身二元論も典型例です。人間は、心・精神と呼ばれる部分と物理的な身体という二つの異なる実体から成るとの考え方です。近代哲学の父とも目されるルネ・デカルトが採用した考え方でもあります。

また、「還元主義」とはものごとを単純化する考え方です。複雑に見えるものも、元をたどればコレだけだという説明の方法です。

日本人のあれやこれやの発想も「島国だから」ですべて片付けるのも一つの還元主義です。生徒の小論文答案でよく見かけます。世界にもたくさんの島国があること、島国にも歴史的変化があること、他の影響を受けないような完全に閉じた社会はないということ、などを考慮に入れていない発想の単純化ですから、必ず修正コメントが入ります。

さて、本文ではどんな自然現象も元をたどれば原子や原子以下の微粒子から成り、その振る舞いは自然法則に従う、という単純化です。ここから物理的・客観的世界と心に浮かぶ主観的世界は別モノという二元論が出てくるというのです。しかも、原子あるいは原子より細かい微粒子から成る世界こそ自然の真の姿と考えます。心や知覚がとらえる世界はイメージに過ぎないという区別です。これをまとめます。

解答例　原子論的な還元主義という近代の自然観により、物理学が記述する自然の客観的な真の姿と価値や意味を見出す主観的表象とを区別したということ。

POINT

得点になる箇所…七つのうち四つとれたら合格圏入り

第一ポイント……近代の自然観という指摘
第二ポイント……原子論的な還元主義という指摘
第三ポイント……物理学の世界・客観的な世界という指摘（A）
第四ポイント……Aが真の姿という指摘
第五ポイント……価値や意味を見出すのは主観の世界という指摘（B）
第六ポイント……Bは表象・イメージ・知覚の世界という指摘
第七ポイント……AとBの区別（質の差がある）という指摘

（設問二）「自然賛美の抒情詩《じょじょうし》を作る詩人は、いまや人間の精神の素晴らしさを讃《たた》える自己賛美を口にしなければならなくなった」（傍線部イ）とあるが、なぜそのような事態になるといえるのか、説明せよ。

前問はストレートな重要語句の説明を求められましたが、こちらはちょっと修辞的・文学的ともいえる表現の説明です。

といっても、文学的な感受性を審査したいという東大の意図があるわけではないでしょう。前後のちゃんと論理的・散文的に書かれたところから理解にいたれます。そこでそれができたかを試すために問いにした。こちらが東大の意図でしょう。

ともあれ、内容としては実は前問と関連した設問です。つまり物理の世界と心理の世界が区別されているから生じることですね。言い換えれば、物理の世界としてみれば、自然は美しくも醜くもない、原子や原子以下の微粒子から成る世界です。

そんな自然界に美しさを見出し、価値や意味づけをするのは人間であり、とくに感性豊かな詩人です。そうした豊かな精神があればこそ自然の中に賛美するべき意味や価値を発見できるのです。したがって、自然を誉めるということはそれに気付ける心・精神の鋭さや審美眼を評価することでもあるということです。

例えば、会社で他の同僚や上司から評価されていない部下について、「私は君の能力を買っているぞ」と言うのは、その部下の能力に気づくことができる自分には「人を見る目があるぞ」と言っていることにもなるということです。

小論文の評価でもこういうことはよくあります。高校の先生や他の予備校講師からぜんぜん評価されない生徒の小論文答案について私が高く評価し、実際にその生徒が小論文付きの第一志望に合格するということがあります。このことを私自身が言うことは私の審査眼は素晴らしいでしょと自画自賛することにもなります。

ちなみに美というものが対象物そのものに内在しているのではなく、見る人の感受性の中にこそあるのだという点について（美は実在しないということ！）、高階秀爾《たかしなしゅうじ》さん（美学・美術史の東京大学名誉教授）が、芥川龍之介の小学生時代のエピソードを紹介しています。「美しいものを挙げてごらん」と先生に言われて、子供たちは口々に「富士山！」とか「花」とか答えます。ところが龍之介少年は「雲」と答えて、教室中の失笑を買います。先生からも、雲を美しいものの例にするのはオカシイと叱られたというのです。いろいろ考えさせられる逸話ですね。

また物心二元論は、リスク論にも見られるものです。確率論的に原発などのあるテクノロジーの〝安全〟を説いているのに、心のレベルで〝安心〟できないのは科学への無知によるとしてしまう態度です。

解答例　物理的には無情の世界である自然に価値を見出す行為は人間の心・知覚によるものゆえに自然に価値を見ることは同時にその心を評価することになるから。

POINT

得点になる箇所…六つのうち三つとれたら合格圏入り

第一ポイント……物理的には（客観的には）無情の世界（意味や価値はない）という指摘

第二ポイント……自然に価値や意味を見出すのは人間の心（知覚）という指摘

第三ポイント……それゆえにというつなぎの指摘

第四ポイント……自然の価値を評価する（「自然賛美」の言い換え）の指摘（A）

第五ポイント……人間の心の価値を評価する（「人間の精神の素晴らしさを讃える」の言い換え）という指摘（B）

第六ポイント……AがBになるという指摘

〈設問三〉「自然をかみ砕いて栄養として摂取することに比較できる」（傍線部ウ）とあるが、なぜそういえるのか、説明せよ。

この「比較できる」は異なるものとの比較（コントラスト・対比）ではありません。似たものとの比較（アナロジー・類比）です。例えば、一生懸命に説明しているのに相手の手ごたえが全くない。こういう事態を「豆腐に鎹《かすがい》」「糠《ぬか》に釘《くぎ》」と〝比較することができる〟というのと同じです。

あらためて、この「比較できる」が、対比ではなく類比だということは文脈に依存しています。ゆえに文章理解力を試す格好の問題になる。東大の意図がわかりますね。

では何が「自然をかみ砕いて栄養として摂取すること」と似ているのか。近代科学の自然に対する知的・実践的態度です。

その内容は、まず、もともと自然界にあったあの場所この場所にある固有性や特徴性を消失させることです。所詮、自然は原子と法則に還元されるからですね。これについては、戦後の日本を代表する哲学者であった中村雄二郎さんが「コスモロジーの喪失」という表現をしています（『**臨床の知とは何か**』岩波新書　一九九二年）。土地の固有の神・土地の精霊〝ゲニウス・ロキ〟という発想もなくなるわけです。

そうであればこそ、自然は分解し、場所を変えても利用できる材料（資源）になるわけです。傍線部の次の段落にも「近代科学が明らかにしていった自然法則は、自然を改変し操作する強力なテクノロジーとして応用されていった」とあります。

この部分は、デカルトと並ぶ近代哲学の父とされるフランシス・ベーコンの言葉を思い起こさせます。「知は力なり（scientia est potentia）」ですね。これは、勉強すればあなたの力になる、と語っているのではなく、「科学技術は自然にはたらきかけて（拷問にかけて）人間に役立たせる力だ」と言っているのです。

東大の名誉教授である山脇直司《やまわきなおし》さんは、デカルトは理学部の父、ベーコンは工学部の父と印象的に表現しています。また、世界最古の大学工学部は東大だそうです。欧米の伝統では大学に設置されるのは自然探究としての理学部だったからです。

MIT（マサチューセッツ工科大学）も今では大学ですが歴史的には大学ではありませんでした。日本での大学の歴史はまず実用・応用だったようです（山脇さんの著作では『**ヨーロッパ社会思想史**』『**包括的社会哲学**』がおすすめです。ともに東京大学出版会で、ともに東大教養学部のテキストです。大変わかりやすく、古代から現代までの社会思想を解説してくれています）。

解答例　特定の場所や物の個性を喪失させ、自然を分解し材料として他の場所でも応用する近代科学の実践的態度は自然を分解し栄養として摂取することに類似しているから。

POINT

得点になる箇所…七つのうち四つとれたら合格圏入り

第一ポイント……特定の場所の個性の喪失という指摘
第二ポイント……特定の物の個性の喪失という指摘
第三ポイント……自然の分解（解体）という指摘
第四ポイント……自然を材料（エネルギー）とするという指摘
第五ポイント……材料を他の場所で応用という指摘
第六ポイント……以上のような近代科学の実践的態度という指摘（A）
第七ポイント……Aは自然を分解して栄養として摂取することと類似という指摘

（設問四）「従来の原子論的な個人概念から生じる政治的・社会的問題」（傍線部エ）とはどういうことか、説明せよ。

後半最大のキーワード・キーフレーズ箇所の説明を求められています。やはりここをおさえないと、というところを東大は設問にします。受験生ではない読者のみなさんにとっては、軽く流し読みしないで、じっくり読むところが示されていると思ってください。

さて従来（近代）の「原子論的な個人概念」は、近代科学の原子論的な自然観と同型です。場所の固有性の否定は、前近代の村落共同体・ムラ社会のシバリからの自由というポジティブなものももたらしました。しかし、近代科学の考え方が環境問題を生んだように、近代の個人主義も政治的・社会的な問題を生んでしまった。その内容をまとめる問題です。

実際に、アトミズム atomism ＝原子論的個人主義ということばが社会哲学用語としてあります。〝a〟はギリシャ語で打ち消しの接頭語で、〝tom〟は分割という意味です。したがって〝atom〟はそれ以上分割できないものの意です。これは英語の individual と同じ作りです。ご存知の通り、〝in〟は打ち消しの接頭語、〝divide〟は分割です。個人主義 individualism は、個人はそれ以上分割できない究極の単位であり、個人はそれ自体自律的なものとして尊重するべきという考え方になります。

一方、ファシズム・全体主義に対する考え方として individualism はポジティブに評価されうる表現ですが、アトミズムは否定的に使われることの多い言葉です。本文中にも「負荷なき個人」という表現が出てくるように、もろもろの社会関係や社会的責任から切れて、あたかも無限空間に浮かぶ原子のごとく自由に振る舞う個人のイメージです。〝四隣《しりん》人なきがごとし〟と言ってもよいでしょう。

あらためて、傍線部の説明ですが、「〇〇なプラス面がありながら△△な問題があること」という形式で、対比的に書くことが説明の理想スタイルです。「こうした個人概念は、たしかに近代的な個人の自由をもたらし、人権の概念を準備した。」という記述が本文にありますね。「たしかに」はまさに前フリを導く代表的な表現です。

では、問題の中身は。個性（アイデンティティ）の喪失です。固有の場や歴史から切り離された、誰とも区別のつかない、誰でもない人、〝根無し草〟になってしまう問題です。

心理学では〝ハイマート・ロス〟（＝故郷喪失）という表現があります。〝故郷喪失文学〟などという表現もあり、その代表が、アメリカの作家エドガー・アラン・ポーです（東京創元社から文庫による全集がでています）。彼が描く小説の舞台は（『モルグ街の殺人』『盗まれた手紙』『アモンティリャードの樽』などがそうであるように）パリなど欧州の都市か、どことも言えない幻想的な場所が主です。アメリカの土着性は脱色されています。

また自由である代わりにアイデンティティの危機という点では、心理学者エーリッヒ・フロムが書いた『**自由からの逃走**』（東京創元社　一九五二年）を想起した方もあるかもしれませんね。

さて、問題の続きです。それはマイノリティのニーズの排除です。近代の人間像が前提とするのは、単に誰でもない人ではなく、実は「標準的」人間を想定していたわけです。アメリカの独立宣言に「すべての人間は生まれながらにして平等である」とあっても、その「人間」の中にネイティブ・アメリカンや奴隷が含まれていないのが典型です。

解答例　近代的個人の自由や人権の概念を準備した一方で、個々人の個性や歴史性を無視し、標準的ではないマイノリティに属する人々のニーズを排除した問題。

POINT

得点になる箇所…五つのうち三つとれたら合格圏入り

第一ポイント……近代の個人主義（人間観）が自由や人権につながったという（前フリ）指摘

第二ポイント……個人の個性（アイデンティティ）の無視（喪失）という指摘

第三ポイント……個人の歴史性の無視（喪失）という指摘

第四ポイント……標準的ではないマイノリティの指摘（A）

第五ポイント……Aの人々のニーズを排除したという指摘

（設問五）「自然破壊によって人間も動物も住めなくなった場所は、そのような考え方がもたらした悲劇的帰結である」（傍線部オ）とはどういうことか、本文全体の論旨を踏まえた上で、一〇〇字以上一二〇字以内で説明せよ（句読点も一字として数える）。

問（一）～（四）が部分要約であったのに対し、（五）は全文要約の力が試されます。それぞれの問いの役割分担を通じて、トータルな文章理解力を試したい。これが東大の意図でしょう。

さて「そのような考え方」とは近代の自然観です。傍線部直前に「環境問題の根底にある近代の二元論的自然観（かつ二元論的人間観・社会観）の弊害」とありますから、直接には「二元論的自然観」のことですが、設問条件に「本文全体の論旨を踏まえた上で」とありますから、環境問題を生んだ近代の自然観の第一、第二、第三の特徴、すなわち「機械論的自然観」「原子論的な還元主義」「物心二元論」のすべてに言及しましょう。

その上でそれらがもたらした「自然破壊」「悲劇的帰結」の内容を、他の問いでの説明との単純な重複を避けつつ、全体から拾います。とくに自然を「死せる機械」「原子以下の微粒子」から成るものと発想するゆえに、自然を破壊しているという考えさえなく自然破壊を進めたことには触れたいですね。

またそうした考えでは、分析・分解的発想には本来はなじまない「全体論的存在」である生態系を正しくとらえられない点も重要です。この場合の「全体論的」はホーリスティックwholisticで「分析的」analyticと対になります。ファシズムのような国家全体主義はトータリタリアニズムtotalitarianismです。

解答例　機械論的自然観・原子論的還元主義・物心二元論からなる近代科学の自然観が、本来全体論的存在である生態系の個性、歴史性、場所性を無視し、自然を破壊するという発想もないまま単なるエネルギーとして搾取してきたということ。

POINT

得点になる箇所…一〇のうち六つとれたら合格圏入り

第一ポイント……近代の自然観という指摘（A）
第二ポイント……Aの特徴のうち機械論的自然観という指摘
第三ポイント……Aの特徴のうち原子論的還元主義という指摘
第四ポイント……Aが生態系（自然）を破壊した（無視した）という指摘
第五ポイント……Aは生態系（自然）を破壊するという発想がないという指摘
第六ポイント……Aが自然を単なるエネルギーとして搾取したという指摘

第七ポイント……生態系の説明として本来全体論的存在という指摘
第八ポイント……生態系の説明として個性の指摘
第九ポイント……生態系の説明として歴史性の指摘
第一〇ポイント……生態系の説明として場所性の指摘

筆者紹介：河野哲也（こうの　てつや）

一九六三年生まれ。慶應義塾大学文学部哲学科哲学専攻卒。同大学院博士課程修了。哲学博士。現在、立教大学文学部教授。

著書は『**道徳を問いなおす：リベラリズムと教育のゆくえ**』（ちくま新書二〇一一年）、『**暴走する脳科学：哲学・倫理学からの批判的検討**』（光文社新書二〇〇八年）他多数。

出典

『**意識は実在しない――心・知覚・自由――**』（二〇一一年　講談社選書メチエ）の序論「環境と心の問題」第一節「環境問題と孤立した個人」のほぼ全文です。

本書は近年、大学入試でモーレツな頻度で出題されており、大学の先生たちの間での注目度の高さがうかがえます。出版直後の二〇一二年、二〇一三年の入試だけで学習院大（文）、金城学院大（文）、早大（教育）、お茶大、香川大、群馬県立女子大で出題されています。

本文は、今日深刻化しつつある環境破壊を生んでしまった近代のものの考え方（機械論的・原子論的な自然観や人間観）の考察ですが、タイトルと直接かかわりのある部分では次のような指摘があります。

私たちが「意識」や「無意識（深層意識）」と呼んでいるのは、脳のある〝はたらき〟について言われているものであって、大脳のある特定部位に「意識がある」のではない。もっと細かく、「嫉妬心」「競争心」「偏見」「コミュニケーション能力」「創造力」のようなものについて、前頭葉のどこそこにそれらの担当部位がある、ということはない。

例えば「コミュニケーション能力」は社会的歴史的なもので、なにをもって「コミュ力」のありなしとするのかも、そもそも「コミュニケーション能力」と呼ばれる「能力」があると疑いもせず前提とするのも、ある社会内のことである、という考察です。

大人の補講

本文に登場した原子論（アトミズム）的個人主義は、リバタリアニズム（徹底した自由主義）の考え方と類縁関係にあります。この思想は十九世紀イギリスの哲学者ジョン・スチュアート・ミルの、その名も『自由論（On Liberty）』に由来する考え方です。

リバタリアニズムは、「他者危害原則（to prevent harm to others principle）」とも言い換えられ、他人に直接迷惑をかけなければ何をしてもよいとの考え方です。他者危害（犯罪）に及んだ場合に限り、国家権力による自由の制限（逮捕・拘束）を認める、そうでなければ自由への介入は慎むべきだと考えます。自傷行為や自己危害も自由のうちです。タバコ・酒・生レバーは体に悪いからやめましょうというお節介（「パターナリズム」といいます）は、やめてくれとの考えです。

多くの人が称賛してくれそうなことに対して、「いいね！　自由にどんどんやろう」などというのは、てぬるい自由主義に過ぎません。むしろ犯罪でなければバカなことをしてもよいとの愚行権さえ認めるからこそ徹底した自由主義なのです。

例えば、言論出版の自由・表現の自由はこれに当たります。良書を出す自由の保障ではないのです。いかがわしくてくだらないような表現もOKとすることが本質です（私自身は良い本を出したい、読む価値のある本を出したいと思っておりますが）。これが大事である理由は、国家権力は権力批判を「いかがわしい（不道徳）」として処罰しようとするからです（本の質については権力によらず、出版文化内で議論すればよいのです）。

プライバシー論のところでも書きましたが、「国家からの自由」としては重要な発想です。しかし、今回の課題文でも取り上げられていた環境問題に焦点を当てると、リバタリアニズムは厄介な思想です。CO_2排出規制を受け入れない発想になりやすいからです。

「地球温暖化で気候変動が起きているではないか。海水面上昇でツバルが水没の危機にあるぞ」と言われても、「それがわが国の排出したCO_2で起きているという証拠を見せろ。それを示せないなら我々の自由な経済活動を規制しようとするな」というわけです。アメリカが京都議定書にもパリ協定にも参加しない背景にはこうした思想があると思われます。

では、リバタリアニズムに関する問題を考えてみましょう。東大の法科大学院の入試問題です。

オリンピックでのドーピングをめぐるAさんとBさんとのやり取りという形式です。Aさんはドーピング違反によるメダル剥奪が繰り返される事態を嘆いています。Bさんは「そもそもドーピングの規制なんて必要なのか」と問います。Aさんは「健康を害するからだ」と言います。さあ、Bさんによる反論を考えてください。

類題も挙げます。

電車の中や広場などの公共空間（公衆の面前）でキスするのは自由か、です。自由だとするならその理由を、自由ではないとするならその理由を考えてください。こちらも東大の法科大学院の入試問題を元ネタにしています。

読書案内

『環境倫理学のすすめ』（加藤尚武《かとうひさたけ》 丸善ライブラリ 一九九四年）

十九・二十世紀的な国家全体主義・国家エゴに代わる地球全体主義を提唱しています。近代の自然観についての考察もあり、今回の課題文の恰好の復習素材です。また地球の有限性、すなわち埋蔵資源の有限性と廃棄物空間としての有限性という点から「宇宙船地球号」という概念を再評価しています。

氏は一九三七年生まれ、東大哲学科卒。千葉大教授、京大教授、鳥取環境大学長を歴任。環境倫理学および生命倫理学の日本におけるトップランナーです。

『災害論――安全性工学への疑問――』（世界思想社 二〇一一年）……3・11の震災と原発事故を踏まえ従来型のリスク論を問い直す。この分野の基本文献と言える内容です。

他に、『**戦争倫理学**』（ちくま新書 二〇〇三年）、『**二十一世紀のエチカ**』（未来社 一九九三年）があります。

『**地球環境報告**』『**地球環境報告Ⅱ**』（石弘之《いしひろゆき》 岩波新書 Ⅰ：一九八八年、Ⅱ：一九九八年）

氏は一九四〇年、東京都生まれ。東大卒、朝日新聞社科学部を経て東大大学院新領域創成科学研究科教授。環境調査の実績で数々の国連賞を受賞。

本書は統計資料・写真・図表を収録し、環境問題の総合的入門書となっている。

目次……Ⅰ 「生態系の崩壊」「ガン化する都市」「人口の大移動」「消える熱帯林」「増える災害の犠牲者」「忍び寄る飢餓」「汚される地球」「売り渡される汚染」／Ⅱ 「地球破壊の構図」「地球の森が消える」「干上がる地球」「水浸しの地球」「追われる生き物たち」「壊滅する熱帯の海」「極地圏の異変」「環境破壊と国家崩壊」

『**環境リスク学――不安の海の羅針盤――**』（中西準子《なかにしじゅんこ》 日本評論社 二〇〇四年）

氏は一九三八年生まれ、横国大工業化学科卒、東大大学院工学系博士課程修了。環境リスク論という環境科学の新しいモデルの確立者。BSE、DDT、環境ホルモン、ダイオキシンなどの環境や人体の汚染をめぐり化学・行政・経済・生活などさまざまなファクターと共に総合的に考えています。

『低炭素経済への道』（浅岡《あさおか》美恵《みえ》 諸富《もろとみ》徹《とおる》 岩波新書）

浅岡氏は一九四七年、徳島県生まれ。京大法学部卒の弁護士。

諸富氏は一九六八年、大阪府生まれ。京大大学院経済学研究科修了、現在、京大教授。環境規制と経済経営は両立する、むしろ国際市場での競争力になるとの提言。日本版マスキー法（一九七八年施行。自動車の排ガスの一酸化炭素、炭化水素、窒素酸化物を十分の一にする）の事例は参考になります。

アフォリズム・箴言

「地球は宇宙船のように閉じた有限な世界である」

アメリカの経済学者ケネス・ボールディングと二十世紀のレオナルド・ダ・ヴィンチと呼ばれるリチャード・バックミンスター・フラーが提唱した「宇宙船地球号」の概念です。有限な埋蔵資源に依存しないバックミンスター・フラーの思想に関心のある方は彼の著書**『宇宙船地球号操縦マニュアル』**（ちくま学芸文庫 二〇〇〇年）を参照ください。

「有限の共有地における自由な欲求充足が共有地を崩壊させる悲劇をもたらす」

アメリカの生態学者ギャレット・ハーディンのことば。**『地球に生きる倫理—宇宙船ビーグル号の旅から』**（佑学社　一九七五年）

おわりに

「受験の世界にだけ、現実の世界ではすでにその魔力を失いつつある過去の序列（帝大以来の東大＝官庁エリート＝日本の頂点）が、いまだに確固として存在するという虚像が拡大再生産され〜むなしい思いがする」と中山茂《なかやましげる》さんが書いたのが一九七八年です（『**帝国大学の誕生——国際比較の中での東大**』中公新書）。

しかし、四十年以上の時が経過し、日本社会とそれを取り巻く環境も変化し、なにより東大自体自己改革に実は熱心な大学です。入試もアップデートしつづけ今のあり方になっています。「虚像」ではなく東大の実像を知る上でも本書は役立つものと考えております。

よく知らないまま仰ぎ見るのでも、怨念《おんねん》の対象とするのでもなく入試現代文の質から東大の今を知り、同時に東大が求める知性を共有しようとする試みが本書の狙いの一つです。

最後に、世界の中での東大、世界の中での日本の大学教育を考えるのに適した本を紹介します。

『イギリスの大学・ニッポンの大学―カレッジ、チュートリアル、エリート教育』 苅谷剛彦《かりやたけひこ》（中公新書ラクレ 二〇一二年）

『オックスフォードからの警鐘―グローバル化時代の大学論』 苅谷剛彦（中公新書ラクレ 二〇一七年）

『アメリカの大学・ニッポンの大学―TA、シラバス、授業評価』 苅谷剛彦（中公新書ラクレ 二〇一二年）

『トランプのアメリカに住む』 吉見俊哉《よしみしゅんや》（岩波新書 二〇一八年）

『フランス産エリートはなぜ凄いのか』 橘木俊詔《たちばなきとしあき》（中公新書ラクレ 二〇一五年）

『アメリカ 最強のエリート教育』 釣島平三郎《つるしまへいざぶろう》（講談社＋α新書 二〇〇四年）

『パブリックスクール―イギリス的紳士・淑女のつくられかた』 新井潤美《あらいめぐみ》（岩波新書 二〇一六年）

中学生以来、「書くようにしゃべる人」と呼ばれてきた私は、日常会話で「ヤバい」という言葉を使ったことがありません。また予備校講師として、最適表現のため言葉を尽くしてきました。そのようなエクスキューズをしたうえでも、今回、東大現代文の〝知的価値を広範な読者に伝える最適な表現〟として、編集部から本書のタイトルを提示いただいたことを喜んでいます。

また、このような機会を私にくださった、青春出版社 編集部の村松基宏さんには深く感謝しております。私の書いたものにたいへん好意的な論評をしてくださり、大人になっても褒められて嬉しいものだなと感じながら仕事を進めることができました。

令和元年 秋

小柴大輔

著者紹介

小柴大輔（こしば　だいすけ）

1967年、静岡県出身。上智大学大学院哲学研究科博士前期課程退学。リクルート「スタディサプリ」講師・Z会「東大進学教室」講師。担当科目は現代文・小論文。辰巳法律研究所で法科大学院、司法試験予備試験の受験生を対象とした一般教養小論文を指導。

「対比」「言い換え」の考え方に代表される方法論により一見難解な問題文がクリアに読み解ける講義が、知的な興奮を呼び起こし大好評。特に「東大現代文が、いかにいま読むべき文章が厳選され、深い読解力を試される良問が多いか」を日々伝えている。

著書に10万部を超えるベストセラー『読み解くための現代文単語［評論・小説］』（文英堂）、『小柴大輔の 1冊読むだけで現代文の読み方＆解き方が面白いほど身につく本』（KADOKAWA）等がある。

「読《よ》む力《ちから》」「書《か》く力《ちから》」が伸《の》びる最高《さいこう》のテキスト
東大《とうだい》のヤバい現代文《げんだいぶん》

2019年11月 1 日　第 1 刷

著　　者　小《こ》 柴《しば》 大《だい》 輔《すけ》

発 行 者　小 澤 源 太 郎

責任編集　株式会社 プライム涌光
電話　編集部　03(3203)2850

発 行 所　株式会社 青春出版社
東京都新宿区若松町12番 1 号 〒162-0056
振替番号　00190-7-98602
電話　営業部　03(3207)1916

印　刷　中央精版印刷　　製　本　大口製本

万一、落丁、乱丁がありました節は、お取りかえします。

ISBN978-4-413-23137-4 C0030